○教育部「長江學者獎勵計劃」資助項目《十三經注疏彙校》階段成果。

○山東大學儒學高等研究院重大項目「《十三經注疏》整理與研究工程」階段成果。

○山東省委宣傳部「中華優秀傳統文化轉化創新重大理論研究項目」「儒學重大基礎研究工程」子課題「《十三經注疏》彙校點校與研究」階段成果。

○國家古籍整理出版專項經費資助項目。

十三經注疏彙校

尚書注疏彙校

一

杜澤遜 主編

中華書局

圖書在版編目(CIP)數據

尚書注疏彙校/杜澤遜主編. —北京:中華書局,2018.4
(十三經注疏彙校)
ISBN 978-7-101-12284-8

Ⅰ.尚… Ⅱ.杜… Ⅲ.①中國歷史-商周時代②《尚書》-注釋 Ⅳ.K221.04

中國版本圖書館 CIP 數據核字(2016)第 280521 號

責任編輯:石 玉

十三經注疏彙校
尚書注疏彙校
(全九册)
杜澤遜 主編
*
中華書局出版發行
(北京市豐臺區太平橋西里 38 號 100073)
http://www.zhbc.com.cn
E-mail:zhbc@zhbc.com.cn
北京瑞古冠中印刷廠印刷
*
850×1168 毫米 1/32 · 104⅞印張 · 18 插頁 · 2025 千字
2018 年 4 月北京第 1 版 2018 年 4 月北京第 1 次印刷
印數:1-3000 册 定價:368.00 元

ISBN 978-7-101-12284-8

尚書注疏彙校編委會

十三經注疏彙校緣起

杜澤遜

《十三經注疏》包括十三部儒家經典的經文、古注、音義、疏文。這十三部經典是：《周易》、《尚書》、《毛詩》、《周禮》、《儀禮》、《禮記》、《春秋左傳》、《春秋公羊傳》、《春秋穀梁傳》、《論語》、《孝經》、《爾雅》、《孟子》。儒家的主要經典已包括在内了。這十三部經典在傳授過程中曾經産生過多家注釋解説，其中大部分失傳。保存下來的古注有：《周易》魏王弼、晉韓康伯注，《尚書》漢孔安國注（據考是魏晉時人的僞作，卻有較高的水平），《毛詩》漢毛亨傳、漢鄭玄箋，《周禮》漢鄭玄注，《儀禮》漢鄭玄注，《禮記》漢鄭玄注，《春秋左傳》晉杜預注，《春秋公羊傳》漢何休注，《春秋穀梁傳》晉范甯集解，《論語》魏何晏集解，《孟子》漢趙岐注，《孝經》唐玄宗注，《爾雅》晉郭璞注。其主體部分是漢晉間人注。這些注有的不是漢人的舊注，但也吸收了漢人的舊説。相對於宋元人的注，這一批舊注被稱爲「古注」。經文古奥，後人理解困難，往往首先求助於這些古注，原因是前人認爲這些古注「去古未遠」，有較大的可靠性。

隨着歷史的發展和學術研究的進步，對於經文和古注又逐步産生了更爲詳盡的疏解，這些對經文和古注的疏解稱爲「義疏」，在南北朝時期比較發達。到了唐代，孔穎達等奉敕撰定了「五經義疏」，由於是朝廷主持，所以稱「五經正義」。這五部書是《周易正義》、《尚書正義》、《毛詩正義》、《禮記正義》、《春秋左傳正義》。另有唐代賈公彦撰《周禮疏》、《儀禮疏》，徐彦《春秋公羊傳疏》、楊士勛《春秋穀梁傳疏》。北宋邢昺又奉敕撰定《論語疏》、《爾雅疏》、《孝經疏》，另有託名孫奭撰的《孟子疏》。總的看來，唐人的疏是總結南北朝至隋的疏而成的，而宋人邢昺的疏又是總結唐人的疏而成的，都有更早的來源和依據。《孟子》原來不在「經書」行列，至北宋末才由王安石推動正式加入經書行列，北宋徽宗時成都的石經加入《孟子》，第一次出現了成套的「十三經」。唐宋人的疏最初的文本形式是經文、古注不全列，只在每條疏文開頭冠以起訖語「某某至某某」，如《關雎》首節疏，先説「關關至好逑」，然後再作疏，《關雎》的正文省略。歷史上稱這種只有疏文的文本爲「單疏本」。

大約在魏晉南北朝時期，還有一種解經的方式叫「音義」，主要是爲疑難字注音、釋義。注音用反切，或直音。這種「音義」大概是受佛經的音義影響發展起來的，對於誦讀經典有很大幫助。現存的佛經當中有大量音義，還有人專門彙集爲《一切經音義》，如唐代釋玄應、釋慧琳都有《一切經音義》。儒家經典的音義到隋朝由陸德明撰定爲《經典釋文》一書，可以説集音義之大成，不僅包括當時確定的儒家經典的音義，還包括《老子》、《莊子》兩部道家經典的音義。《經典釋文》不僅保存了大量漢魏六朝至隋代的注音、釋義，還保存了經文、古注在不同文本的異文，有極爲重要的學術價值。《爾雅》、《孟子》有宋人的「音義」，也值得重視，尤其是孫奭《孟子音義》彌補了音義系統的缺項，到清代受到重視。後人又把「音義」叫作「釋文」，是因爲大部分經典的音義見於《經典釋文》。

總的看來，「十三經」的經文、古注、釋文、疏這四大組成部分到北宋都已形成。宋人對於儒家經書又有新的注釋，尤其是程朱系統的注釋，後來形成了《五經四書》。注釋完全是一種新的面貌，這當中借鑒吸收了注疏，但有許多新的見解。《五經四書》的注釋爲：宋朱熹《周易本義》、宋蔡沈《書集傳》、宋朱熹《詩集傳》、元陳澔《禮記集説》、宋胡安國《春秋傳》、宋朱熹《論語集注》、宋朱熹《孟子集注》、宋朱熹《大學章句》、宋朱熹《中庸章句》。《周易》有的還附上程頤的《周易程傳》，與朱子《本義》合爲「傳義」。南宋以來，到清代，一直非常流行，逐步成爲科舉考試的標準。南宋以來學習儒學的，大都以朱熹等人注釋的《五經四書》爲依據，漢唐人的注疏則被稱爲「古學」。

「單疏本」由於經文、古注不全，閱讀不方便，到南宋初年出現了補齊經文、古注的經、注、疏合刻本，就是後來稱爲「注疏」的文本。刊刻者主要是南宋初年紹興的「兩浙東路茶鹽司」。傳世的《禮記正義》有當時提舉兩浙東路茶鹽司的福州人黄唐的跋語，十分重要：「六經疏義自京監、蜀本皆省正文及注，又篇章散亂，覽者病焉。本司舊刊《易》、《書》、《周禮》，正經注疏萃見一書，便於披繹，它經獨闕。紹熙辛亥仲冬唐備員司庾，遂取《毛詩》、《禮記》疏義，如前三經編彙，精加讎正，用鋟諸木，庶廣前人之所未備。乃若《春秋》一經，顧力未暇，姑以貽同志云。壬子秋八月三山黄唐謹識。」黄唐説得很清楚，合刻是爲了閲讀方便。這個系統的本子經文是半頁八行，字比較大，稱「八行本」。現存的宋刻八行本有《周易》、《尚書》、《周禮》、《禮記》、《春秋左傳》、《論語》、《孟子》。其中《春秋左傳正義》是紹興府地方刊刻的，不過是同一格式，顯然是配套的。《毛詩》八行刻本未見流傳，但楊守敬從日本訪得室町時代鈔本殘卷五册，現存臺北「故宫博物院」。有了經注疏合刻本以後，北宋時曾經刊刻過的單疏本，南宋仍有重刻本傳世。「單疏本」有刻本或鈔本傳世的有《周易》、《尚書》、《毛詩》、《周禮》、《儀禮》、《禮記》、《公羊》、《爾雅》。

在南宋福建這一刻書中心，還出現了經文、古注、釋文的合刻本，叫「附釋文本」或「附釋音本」。比較有名的是余仁仲萬卷堂刻的《禮記》、《左傳》、《公羊傳》、《穀梁傳》等，還有建安王朋甫刻的附釋文本《尚書》孔安國注。南宋刊「纂圖互注」本，也屬於經注釋文合刻本。王朋甫本《尚書序》末有牌記云：「五經書肆屢嘗刊行矣，然魚魯混殽，鮮有能校之者。今得狀元陳公諱應行精加點校，參入音釋彫開，於後學深有便矣。士夫詳察。建安錢塘王朋甫咨。」這顯示了《經典釋文》的必要性。更進一步，則出現了經文、古注、釋文、疏文合刻的本子。這種合刻本有名的是劉叔剛刻的十行本《附釋音毛詩注疏》、《附釋音春秋左傳注疏》等，還有福建魏縣尉宅刻的九行本《附釋文尚書注疏》。在四川眉山這一刻書中心也出現了《論語注疏》這樣的經、注、釋文、疏合刻本。

經注疏合刻、經注釋文疏合刻，都是爲了方便閱讀。這一點朱熹在《答應仁仲》一函中論及《儀禮經傳通解》時説過：「前賢常患《儀禮》難讀，以今觀之，只是經不分章，記不隨經，而注、疏各爲一書，故使讀者不能遽曉。今定此本，盡去此諸弊。」（阮元《儀禮注疏校勘記》引用，文稍異。）事實上，把經文、古注、釋文、疏合併起來，很像清代以來的「集解」，這種集解古已有之，《論語》何晏注、《史記》裴駰集解、《漢書》顏師古注都是集解性質的。舊注多了，彙起來方便閱讀，這是自然容易想到的。值得注意的是，經文、古注、釋文、疏文合爲一編，恰恰是「古學」的合本，是在宋人新注之外自成體系的注釋。後來的學者講「經學」時往往以《十三經注疏》爲依據，而講「儒學」或「理學」時一般以《五經四書》爲依據，表面看來還是這些書，而實際上注釋屬於兩個陣營。清代乾嘉學派代表人物之一阮元説過：「士人讀書當從經學始，經學當從注疏始。」他的立場顯然屬於「古學」一邊。而一般士子讀經，事實上絕大多數是從《五經四書》始。明白了這個背景才能明白阮元的話是代表一個流派的，而不是當時人都認可的常識。

清代樸學家講求「古學」，對「十三經」作了更爲深入的注釋，這些注釋最終凝結成一個系統，稱「十三經清人新疏」，包括李道平《周易集解纂疏》、孫星衍《尚書今古文注疏》、陳奂《詩毛氏傳疏》、馬瑞辰《毛詩傳箋通釋》、孫詒讓《周禮正義》、胡培翬《儀禮正義》、劉文淇《春秋左傳舊注疏證》、劉寶楠《論語正義》、焦循《孟子正義》、邵晉涵《爾雅正義》、郝懿行《爾雅義疏》、王先謙《詩三家義集疏》等等。有的新疏没有做出來，例如《大戴禮記》。當代經學家劉曉東先生用三十年之力完成了《大戴禮記義疏》，其不平凡的貢獻就不可孤立地去看了。這些「新疏」顯然是對着舊的《十三經注疏》來的，訓釋有很大進步，但基本路綫卻是「古學」的發展，依然是站在《五經四書》朱熹等注解的對面的。因此，就經書的注釋來説，仍是兩個陣營，我們姑且沿用舊的稱呼，叫「漢學」、「宋學」。《十三經注疏》基本上是「漢學」的代表。

清代康熙至乾隆年間，朝廷組織學者撰定了《御纂七經》，包括《周易折中》、《書經傳説彙纂》、《詩經傳説彙纂》、《春秋傳説彙纂》、《周官義疏》、《儀禮義疏》、《禮記義疏》。其大體思路是不專主宋學，而是漢宋兼取，希望漢、宋合流。乾隆間曾下令各省重刊，清中葉以後也有各地重刊本，傳世量較大，而讀者不一定很多。這條漢宋合流的路子，現在看來没有走通。

用現代的眼光看，總體上説，「漢學」較多地注重訓詁名物制度，而「宋學」更多地注重思想，在思維模式和興趣點上有較大差異，不具備「合流」的學術基礎，而是屬於「互補」的關係。當然，不能「合流」，卻並不意味着不可「兼治」。清代「漢學」代表人物吴派惠棟、皖派戴震，都是主張「漢宋兼治」的。

既然《十三經注疏》是「古學」的代表，那麼整理研究工作就格外重要。其中「整理」工作的重要基礎性工作是校勘。

校勘的主要任務當然是確定不同文本之間異文的是非，形成錯誤較少的文本。唐代顔師古等曾校定「五經」，形成《五經定本》。東漢蔡邕奉朝廷之命刊刻的《熹平石經》，唐代後期刻的《開成石經》（包括經書十二種），都是同等性質的「定本」。爲了確定經典的用字，唐代還編成《五經文字》、《九經字樣》。鄭玄在注解《儀禮》時，曾特别注明今文本、古文本有的字不同，留下了寶貴的歷史資料。五代後蜀曾在成都刻石經，到北宋才刻完，稱《蜀石經》，南宋初年晁公武在四川做官，曾用國子監本校蜀石經，發現文字有不同，如《論語》「舉一隅而以三隅反」，蜀石經作「舉一隅而示之，而以三隅反」等等。有些是非，一時也不能確定，他就寫了《石經考異》，刻在石碑上，立在蜀石經旁，可惜失傳了。歷史上對儒家經書和古注的校勘工作一直持續不斷，取得了豐碩成果。清代初年張爾岐用《開成石經》本《儀禮》校勘當時通行的明萬曆北京國子監刻《十三經注疏》中的《儀禮注疏》，發現了不少脱文、誤字，寫成《儀禮監本正誤》。

他還發現《開成石經》也有錯誤，寫成《儀禮石本誤字》。這對顧炎武啓發很大。顧炎武還抄寫一部帶到山西。顧炎武到了西安，看到《開成石經》，於是根據拓本校勘萬曆北監本《十三經注疏》，寫成《九經誤字》一卷，比張爾岐校勘的範圍更大。他在《日知録》中批評北監本「脱誤尤甚」，舉出《儀禮》五條脱文例子，其中一處脱「壻授綏。姆辭曰：未教，不足與爲禮也」十四個字。顧炎武認爲這五條經文可以根據唐石經補上，但是這五條經文的注疏遂不可補，於是他慨歎「秦火未亡，亡於監刻」。

清代對《十三經注疏》進行全面校勘的有乾隆初年武英殿刻《十三經注疏》附《考證》。這部《十三經注疏》刊印精美，第一次配齊了「十三經」的經文、古注、釋文、疏文四大項内容。每卷之後附有「考證」，也就是校勘記，討論了一些文字異同是非問題。乾隆中後期修《四庫全書》，其中的《十三經注疏》用武英殿本謄録，但又根據舊本作了校勘，進一步增補了「考證」，從而比殿本又有所進步。嘉慶年間阮元在江西作巡撫，根據元刻明修本《十三經注疏》重新刻了一套《十三經注疏》，每卷附有更詳細的《校勘記》，歷史上稱「南昌府學本」、「南昌本」或「阮元本」。這個版本由於不少著名學者先後參加了校勘工作，因而受到廣泛重視。正如光緒十三年俞樾爲點石齋石印本阮刻《十三經注疏》所作的序指出的：「阮文達之爲《校勘記》，羅列諸家異同，使人讀一本如徧讀各本。」直到現在，「阮元本」都是權威版本，是學者最常用的版本，阮本各種形式的重印本難以統計。

但是，阮元本並不完善，例如人們比較看重的他的《校勘記》就存在一些缺點。前面説的《日知録》批評萬曆北監本《儀禮》脱文的話，被《四庫全書總目》中《儀禮注疏》的提要直接引用，阮元把這一篇《儀禮注疏提要》刻在南昌本卷首，這樣世人都知道北監本《儀禮》不精不善了。直到現在學術界仍然這樣説：「有的確實未經很好校勘，如北監本的《十三經注疏》、《二十一史》之類。」（黄永年《古籍版本學》）可是在阮元《儀禮注疏校勘記》正文中，卻没有指出北監本《儀禮注疏》的那五段脱文，而是僅僅指出明末毛晉汲古閣本脱去那五段文字。汲古閣本比北監本晚，並且是從北監本來的，那麼汲古閣本的脱文當然是從北監本來的，單單指出「毛本脱」是不得其根源的。我們進一步校勘北監本之前的明嘉靖李元陽刻《十三經注疏》中的《儀禮注疏》，發現也同樣脱那五段文字，比李元陽本更早的明嘉靖間陳鳳梧刻本《儀禮注疏》也同樣没有這五段文字。因此，阮元校勘記固然不到位，顧炎武批評北監本也同樣没有得到脱誤的根源。進一步查對清代汪士鐘影刻宋本《儀禮疏》單疏本，我們發現其中没有這五段經文的疏，就是説唐代賈公彦並没有爲這五段經文作疏。顧炎武認爲失去這五段經文及注疏，是北監本的責任，因而慨歎「秦火未亡，亡於監刻」，同樣也没弄清脱誤的根由。因爲這五段經文當初賈公彦没有作疏，因此也談不上「亡」。我們上面説過，「單疏本」没有經文、古注。南宋初在單疏本基礎上補足了經文、古注。很可能明中期陳鳳梧合刻《儀禮》經文、古注、疏文時，因爲這五段經文没有疏，導致添足經文時漏添了。如果我們不把各個版本對校過，這些問題就弄不清楚，就會得出錯誤結論。從這個例子我們可以發現，校勘的任務除了發現並改正錯誤之外，還有兩個功能：一是評判版本優劣，二是梳理版本源流。

上面説的陳鳳梧本、李元陽本、北監本，都是阮元見過並且校過的，卻没有把脱文情況反映在《校勘記》中。還有單疏本，阮元也用了，對於這些疏文根本不存在的事實，阮元也没有在《校勘記》中説明。這都是「漏校」。這樣做的結果是誤導讀者認爲毛本極劣。其實顧炎武也誤導了讀者，使讀者認爲北監本極劣。這都不是確切的答案。除了「漏校」之外，還有些古本阮元當時没見到，例如《周易正義》單疏本，《周易注疏》八行本，《尚書注疏》單疏本、八行本、宋魏縣尉宅本、蒙古平水本，《禮記正義》八行本，《論語注疏》蜀刻十卷本，《孟子注疏解經》八行本等，從而限制了校勘品質。這是古本。離阮元時代較近的乾隆武英殿本，阮元可能不太重視，没有校勘，因而没有很好地汲取其長處。例如《周禮注疏》卷二十八《夏官・司馬》「凡制軍萬有二千五百」一節下疏文「掌其戒令賞罰」下，阮元本有小字注：「原本實缺七格。」這七個字南宋八行本、清乾隆武英殿本作「則是於軍因爲師」。阮元根據的底本没有這七個字，他也添不上，但是武英殿本已經根據《州長》注推測出來，並且補上了。殿本補的這七個字和南宋八行本吻合，而且被後來的孫詒讓《周禮正義》採納（參日本加藤虎之亮《周禮經注疏音義校勘記》），十分可貴。阮元没有見過南宋八行本，是客觀困難，但是武英殿本近在咫尺，卻没有一校，導致這七個字無法校補，而僅僅注出原本「缺七格」，這不能不説是一個失誤。直到今天，乾隆武英殿刻本也很少引起古籍整理工作者的重視。鑒於這些原因，《十三經注疏》的校勘工作還有進一步完善的必要。這是規劃《十三經注疏彙校》的學術理由。

阮元的《校勘記》先有單刻本，後來附在他刻的南昌本《十三經注疏》每卷之後，才成爲通行本。乾隆武英殿本的「考證」也附在殿本《十三經注疏》之後。我們的《彙校》也同樣要附在《十三經注疏》的正文之後，才方便做彙校工作，方便讀者使用。那麼，哪個版本適合作我們的底本呢？

適合作底本的版本應當具備以下條件：一、十三種書俱全。二、經、注、釋文、疏俱全。三、錯字少。四、版印清晰。歷史上具備這四個條件的版本並不多。南宋刊單疏本、八行本、十行本傳於今天的都只有幾種。元刊明修十行本缺少《儀禮注疏》，並且一半書版爲明朝補刻，補刻的部分錯字較多，並且有的書頁有墨塊缺字，印刷也多有漫漶。嘉靖李元陽本來自元刊明修本，缺字大都没補上，印本不佳。這些都不適合作底本。北監本補上了部分缺字，十三部書俱全，文字規範，錯字也比以往的版本少，印本整齊清晰，是一個比較完善的官版。比北監本晚的汲古閣本因爲校勘不精，受到學術界批評，所以也不適合作底本。乾隆武英殿本是在北監本基礎上校刻的，改正了一些錯誤，增加了「考證」，補足了「音義」（主要是《論語》、《孟子》、《孝經》、《爾雅》四種），《周易注疏》的《釋文》也散入了正文，事實上是歷史上第一次形成經、注、疏、釋文俱全的本子，並且也是第一次爲全部經、注、疏、釋文加了句讀（用小圈加了斷句標點）。殿本的斷句基本準確，偶有失誤，往往只是疏忽所致，容易發現。這個本子刻印精良，也適合影印。從這些優勢看，殿本很適合作底本。遺憾的是，殿本校刊時，對原書作了編輯工作。比如把解釋篇名（如《堯典》）的疏文移到各經卷首，再比如合併了大量注文的疏，同時删去了大部分疏文前頭帶有提示性的起訖語「某某至某某正義曰」。有的地方因爲删去起訖語，造成疏文眉目段落不清，因而乾隆殿本的整理者又重新增加了某些提示語（基本格式是「某某某某者」），從而在一定程度上改變了《十三經注疏》的面貌，這在校勘學上是不提倡的。其後的《四庫全書》本、《四庫全書薈要》本完全沿用了這一格式。這樣，殿本作爲底本就不合適了。剩下的只有北監本、阮元本。阮元本十分常見，並且每卷附有「校勘記」，我們如用作底本，就不能删去阮氏「校勘記」，否則不是完整的阮本。如果保留阮氏校勘記，那麽要把「彙校」附在阮氏校勘記之後，大有疊床架屋之病。況且，我們的「彙校」本來是針對阮元的校記不完善而來的，「彙校」中發現的一些問題往往是針對阮元的，如此就難以避免「同室操戈」

的麻煩。所以阮本作底本也有不方便之處。不得已，只有選用萬曆北監本作底本了。

萬曆北監本的長處是規規矩矩，經、注、釋文、疏的排列格式沿用了南宋福建十行本的舊式，與元刊明修本、李元陽本、汲古閣本、阮元本一致，容易相互比對。再就是北監本十三部書完整，比在它之前的元刊明修十行本、李元陽本，用字更加規範，訛誤有所減少；比它之後的汲古閣本，誤字也要少，因而選作底本具備基本條件。

當然北監本也有不完美處，那就是《論語》、《孟子》、《孝經》無音義，《爾雅》用的不是陸德明《釋文》，而是宋人的《爾雅音》，《周易注疏》的《釋文》没散入正文，而是獨立附於《注疏》之後。這種格式元刊明修本、李元陽本、汲古閣本、阮元本也都如此。補救的方法是，影印北監本時，把陸德明的《論語》、《孝經》、《爾雅》音義以及孫奭的《孟子音義》整體附在各經之後。這是不得已的辦法。殿本的句讀是重要的學術成果，我們決定在影印北監本時，把殿本的句讀移到北監本上，供讀者參考，同時也避免我們作校勘記時摘句破句（這種情況在山井鼎《考文》、浦鏜《正字》中都有發生）。至於殿本句讀偶有脱漏（應加而没加）、錯誤，我們不予改正，以示謹慎，並取信於人。如果我們作了改訂，一是不能盡改，二是不能避免新錯誤，三是改的地方不能處處都加説明，如此反不如保持原貌。

我們的《彙校》的基本面貌大體明白了：《十三經注疏》正文全部影印明萬曆北京國子監

刻本(未經崇禎、康熙修版)，外加乾隆殿本的句讀。每卷影印的監本之後，附有排印的《彙校》。《彙校》除列出各本異文之外，還要把前人的校勘成果，例如張爾岐《儀禮監本正誤》、顧炎武《九經誤字》、山井鼎《考文》、殿本《考證》、浦鏜《正字》、《四庫全書考證》、岳本《考證》、盧文弨《拾補》、阮元《校勘記》(包括二本：甲文選樓本、乙南昌府學本)、孫詒讓《十三經注疏校記》等，摘附各條之下，供讀者參考。

前面説過，《十三經注疏》包括經文、古注、釋文、疏文四大項内容。前人在校勘方面的成果主要集中在經文、古注、釋文方面，而在疏的校勘方面則相對薄弱。由於校勘工作規模很大，初步統計，《十三經注疏》李元陽本、武英殿本都在一萬一千頁以上。而歷史上《十三經注疏》(早期還不到「十三經」)的版本至少有南宋刻單疏本、南宋刻八行本、南宋刻十行本、元刻明修十行本、明嘉靖李元陽福建刻本、明萬曆北京國子監刻本、明崇禎毛晉汲古閣刻本、清乾隆武英殿刻本、清乾隆《四庫全書》本、清嘉慶阮元刻本等十個系統。此外還有單刻的本子。約略計之，總共不下十萬頁。全部只校一遍事實上校不乾淨，還必須二校、三校。校三遍，就是三十萬頁。再加上唐石經(無注)本、宋元時期的經注本、經注釋文本等版本系統，工作量進一步加大。這一工作的艱巨性是可想而知的。

先秦兩漢出土簡帛、漢魏石經殘片、敦煌西陲寫卷，探源考異之所必資，號稱專門，碩果累累，今於唐人寫本僅取單疏，石經僅取開成、後蜀二種，其餘請參考諸家成果。

《十三經注疏彙校》具有以下功用：一、有利於進一步考證文本的是非，改正錯誤，整理出錯誤較少的《十三經注疏》通行讀本。二、有利於借助異文，考察歷史上《十三經注疏》各個版本之間複雜的流變關係。三、有利於評價歷史上作爲重大文化活動的刊刻《十三經注疏》工程的功與過。實際情況是：即使評價不高的汲古閣本，也往往有勝於他本處（我們發現《尚書注疏》毛本與十行本、李元陽本、北監本不同的文字，有時與宋魏縣尉宅本同）。這些先賢的努力和貢獻，哪怕是一字一句，也不應當埋没。而不通過仔細全面的校勘，這些學術問題是不可能給出答案的，因爲北監本、汲古閣本等都没有交代更多的校勘細節。四、《十三經注疏》各本的異文，有不少是異體字、俗體字、訛體字、避諱字，這些異文也許在經學家看來無助於經義的考證和理解，但對於考察宋元明清時期經典文本的用字狀況卻有一定的幫助。因此，《彙校》不僅對經學、經學史研究有直接幫助，而且在版本學、校勘學、文字學、出版史等方面也有不可低估的學術價值。

二〇一二年一月，山東大學決定將原儒學高等研究院、儒學研究中心、文史哲研究院、《文史哲》編輯部整合重組爲新的儒學高等研究院。該院組建伊始，即在學校網站發佈了在全校範圍内徵集儒學研究課題的公告。《十三經注疏彙校》就是在這一背景下申報並經學術委員會投票獲准立項的。在籌備和申報過程中，我們廣泛徵求了專家學者的意見。南京大學周勛初、程章燦、武秀成，臺灣大學葉國良，臺灣「中央研究院」歷史語言研究所陳鴻森，復旦大學陳尚君、吴格，華東師範大學嚴佐之，中華書局徐俊、馮寶志、俞國林，國家圖書館陳力、張廷銀，上海交通大學虞萬里，北京師範大學韓格平，北京大學白化文、安平秋、辛德勇、劉玉才、漆永祥、橋本秀美、顧永新、沙志利、李暢然、程蘇東，清華大學劉石，山東師範大學安作璋，山東大學董治安、劉大鈞、劉曉東、徐超、王學典，天津圖書館李國慶，南京師範大學王鍔，陝西師範大學賈二强，日本慶應大學高橋智等先生，對《十三經注疏彙校》工作給予了總體肯定，也提出了若干意見和建議。這項工作得到中華書局的大力支持，中華書局決定與山東大學合作，在《彙校》完成之後，對《十三經注疏》進行系統的整理，最終形成能與點校本《二十四史》相配套的點校本《十三經注疏》。山東大學儒學高等研究院對《十三經注疏彙校》工作高度重視，列爲「重大項目」，下撥專項經費。院長許嘉璐先生多次聽取彙報，給予具體指導。二〇一二年三月二十五日召開了項目啓動會議，出席啓動會議的專家有：安作璋、董治安、葉國良、陳尚君、劉大鈞、虞萬里、徐俊、陳力、韓格平、辛德勇、漆永祥、王鍔、馮寶志、俞國林、李暢然、吉發涵、李國慶、周廣璜、方輝、王學典、巴金文、黄玉順、孫劍藝、邊家珍、葛焕禮、劉心明、王承略、石玉等。山東大學校長徐顯明會見了與會專家，副校長樊麗明出席會議並致辭，儒學高等研究院常務副院長王學典主持會議。中華書局時任總編輯徐俊代表中華書局發言。與會專家對《彙校》工作寄予厚望，並提出了指導性意見。三月二十八日，《中華讀書報》以《山東大學聯合中華書局啓動〈十三經注疏〉彙校、點校》爲題報道了這一消息，同時發表了該報對中華書局徐俊先生的專訪：《四問〈十三經注疏〉彙校、點校》。《十三經注疏彙校》工作從此走上軌道。我們感謝學術界和有關領導的大力支持，也希望學術界在今後繼續給予指導和幫助，以期盡可能圓滿地完成這一計劃。

二〇一二年四月二十日初稿
二〇一五年二月二日改定

目録

彙校卷八

注疏卷九

彙校卷九

注疏卷十

彙校卷十

注疏卷十一

尚書注疏彙校序

《十三經注疏彙校》二〇一二年三月正式啓動，項目組決定以《尚書注疏》爲試驗，開展彙校工作。參加彙校工作的研究生、博士生、博士後、訪問學者和在職教師共計四十七人。項目組先後對校了十九個版本：一、唐石經本，二、宋刻單疏本，三、宋刻八行本，四、李盛鐸舊藏宋刻經注本，五、宋刻王朋甫本，六、宋刻纂圖互注本，七、宋魏縣尉宅刻本，八、蒙古平水刻本，九、宋魏了翁《尚書要義》，十、清乾隆仿刻元相臺岳氏本，十一、元刊明修十行本，十二、明永樂刻本，十三、明嘉靖李元陽刻本，十四、明萬曆北監刻本，十五、明崇禎毛氏汲古閣刻本，十六、清乾隆武英殿刻本，十七、清乾隆鈔《文淵閣四庫全書》本，十八、清乾隆鈔《摛藻堂四庫全書薈要》本，十九、清嘉慶阮元刻本。其中以明萬曆北監本爲底本，其他爲校本，每個版本都經過三次對校。又吸收了先賢校勘記十五種：一、清顧炎武《九經誤字》，二、日本山井鼎、物觀《七經孟子考文補遺》，三、武英殿刻《尚書注疏》附《考證》，四、清浦鏜《十三經注疏正字》，五、清王太岳等《四庫全書考證》，六、《摛藻堂四庫全書薈要》附案語，七、《仿宋相臺五經》附《考證》，八、清盧文弨《羣書拾補·尚書注疏攷正》，九、清阮元主修《十三經注疏校勘記》（《校記甲》），

十、清阮元刻《十三經注疏》附《校勘記》（《校記乙》），十一、清汪文臺《十三經注疏校勘記識語》，十二、清孫詒讓《十三經注疏校記》，十三、劉承幹《尚書正義校勘記》，十四、張鈞衡《尚書注疏校勘記》，十五、日本倉石武四郎、吉川幸次郎等《尚書正義校勘記》。通過對《尚書注疏》的彙校，基本掌握了彙校的方法，爲全面開展其他各經的彙校工作積累了寶貴經驗。在彙校過程中，借工作之便，曾經請崔富章、沈津、劉永翔、劉曉東、徐超、尚永亮、單承彬、李士彪、沙志利、李暢然等專家審閱過部分彙校稿。

二〇一四年三月中旬，經過兩年的緊張工作，《尚書注疏彙校》初稿完成。根據儒學高等研究院常務副院長王學典教授的建議，三月二十九日在山東大學舉辦了「《尚書注疏彙校》專家審稿會」，邀請崔富章、虞萬里、汪少華、徐俊、漆永祥、王鍔、橋本秀美、葉純芳、俞國林、王煒、劉心明、何朝暉等專家對其中的《堯典彙校》進行了評審。劉曉東先生主持會議，趙逵夫先生寄來書面意見。專家評審意見整理發表於二〇一四年四月十六日《中華讀書報》，引起了廣泛關注。

審稿會議之後，我對全部《彙校》稿進行了逐字逐句的終審，對有疑問的字句逐一覆核了原本，到二〇一五年一月三十日完成了定稿工作，歷時十個月。《尚書注疏彙校》的具體辦法另撰《凡例》一篇，這裡不再詳述。在彙校過程中，有許多新的認識，我曾撰寫發表了《〈尚書注疏彙校〉札記》（《文史》）、《明永樂本〈尚書注疏〉跋》（《中華文史論叢》）、《論平水本〈尚書注疏〉》（《中國典籍與文化論叢》）、《十行本〈尚書注疏・君奭〉書後》（《儒家典籍與思想研究》）、《阮元刻〈尚書注疏校勘記〉「岳本」辨正》（《文獻》）等論文札記。這裡另舉一例：《尚書・盤庚》北監本卷九第八頁經文：「乃不畏戎毒于遠邇。」僞孔傳：「言不欲徙，則是不畏大毒於遠近。」疏：「遠近，謂徐促。言害至有早晚也。」「徐促」，宋刻單疏本、宋刻八行本、宋魏縣尉宅刻本、蒙古平水刻本、明永樂刻本均作「賒促」，阮本作「賒促」。阮元《校記甲》云：「十行本亦作『賒』。」今檢元刊明修十行本（劉盼遂舊藏者），此頁版心上刻「正德十二年」，爲明修版，作「徐促」。明李元陽刻閩本、明北監本皆從十行修版作「徐促」。明崇禎毛氏汲古閣本改作「賒促」。殿本不從毛，而從監本作「徐促」。按：賒、賖通，南北朝、隋、唐常用之，本義爲借貸，引申爲緩。賒促，即緩急，即遠近。沈約《宋書》引博士司馬興之議云：「人君之大典，今古既異，賒促不同。」「賒促」爲魏晉隋唐時期俗語，孔穎達疏偶用俗語，不乏其例。宋元以後這一俗語很少使用，所以許多人不知其義。十行本正德修版改「賒」爲「徐」，即是明人不解「賒促」之證。毛本從北監本出，而改「徐」爲「賒」，殊爲可貴，殆見宋本而據改也。殿本不從毛本，而從北監作「徐促」。浦鏜《正字》謂「徐，毛本誤賒」，皆不解「賒促」之義。盧文弨《拾補》謂「改『徐』非」，良是。日本山井鼎《考文》云：「賒字，崇禎本與宋板同，其餘註疏本皆作徐。」阮元

《校勘記》於「賖促」、「徐促」之是非未下判斷。近出點校本《尚書正義》，用宋刻八行本作底本，而改「賖」爲「徐」，校記云「徐原誤賖」，亦以不誤爲誤也。

從《盤庚》疏文「賖促」到「徐促」的變化，我們可以發現宋元到明初的刻本都没有錯誤，明正德修版才妄改爲「徐促」，李元陽本、北監本、武英殿本、《四庫全書》本都沿用了正德修版的錯誤，毛本和阮元本都没有錯。後人的校勘記，浦鏜的主張是錯誤的，盧文弨的主張是正確的，山井鼎、阮元雖然有校勘記，但没有下判斷。可以發現盧文弨《羣書拾補》的可貴。阮元《校勘記》直接參考了盧文弨的成果，爲什麽没有接受盧文弨的意見呢？這恐怕和盧文弨没有舉出證據有關（盧氏的證據其實是山井鼎《考文》所指的日本足利八行宋本，但盧氏没有明説）。假如他們見到宋刊單疏本、魏縣尉宅本、平水本、明永樂本這些早期的刻本，相信他們很容易判斷「賖促」的正確性。校勘之學，貴在多見舊本，從這個例子可以得到印證。

我們的《彙校》已經包括了阮元的所有校勘記，經過比較可以發現，阮元《尚書注疏校勘記》所完成的任務大約不足百分之四十。上面的十九個版本，阮元校過的是唐石經、元刊明修十行本、岳本、李元陽本、北監本、汲古閣本等六種，其他大部分版本，尤其是早期的幾種宋本，阮元都没有見過。即使他已經校過的版本，也有較多的重要異文漏校。如《緣起》所舉《儀禮》脱文五處，僅指出「毛本脱」，實則更早的陳鳳梧本、李元陽本、北監本皆脱，而阮元

《校勘記》不著一字。讀者驟視之，似乎只有毛本脱此五段，其他版本不脱。這對結論有很大的不良影響。

過去學術界已大體弄清了十行本以下注疏本的源流，即元刊明修十行本是明嘉靖李元陽本的底本，李元陽本是萬曆北監本的底本，崇禎毛氏汲古閣本出於北監本，清乾隆武英殿本亦出於北監本，阮元刻本是元刊明修十行本的重刻本。現在我們通過校勘，認定這些結論是合乎實際的，但又不够精細。李元陽本來自元刊明修十行本，但進行了一定的校勘工作，改正了若干錯誤。北監本也同樣改正了若干李元陽本的錯誤，作爲官版，用字的規範謹嚴，遠超十行本和李元陽本，並且從朱元璋至朱常洛，大部分帝諱都缺筆避諱，在其他明刻本中罕見，講避諱的專書也未之及。毛本在北監本基礎上也進行了校勘，明顯的積極表現至少有兩點：一是不少改字都與宋魏縣尉宅本一致，二是釋文部分的校勘顯然利用了陸德明《經典釋文》原書。殿本所依據的北監本是萬曆以後的修版，所以《考證》稱監本誤某，現在看萬曆北監本並不錯。當然殿本文字校勘勝於北監，加上每卷附有《考證》，更是各經注疏刊刻史上的創舉。其不能令人苟同之處則是體例的改變，合併注疏，删去起訖語，大失唐宋以來注疏的原貌。庫本來自殿本，略有校正，但俗字和減筆的情況明顯增加，不可謂善本。阮元本號稱「重槧宋本」，當然是來自元刊明修十行本，但相比元刊明修十行本，阮本在文字規範方面有脱胎換骨的進步。

元刊明修十行本俗字滿紙，減筆少畫，似是而非，隨處可見，阮本則中規中矩，整齊一新。不過元刊明修十行本的大量譌奪衍倒，阮本一仍其舊，只在校勘記中予以指出，因此，就其正文來説，並不比監本、殿本優越。人們重阮本，更多地在他的校勘記，所謂「讀一本如遍讀各本」是也。元刊十行本還有一個永樂重刊本，天一閣曾藏一部，誤爲宋刊，張鈞衡得之，請陶子麟影刊，號稱影宋刊，繆荃孫代撰《校勘記》附後。經我們校勘，實爲元十行本的重刻，而且校勘較差，其可取之處在於部分保留了元刊十行本的舊貌，彌補了元十行本經明代修版大失原貌的遺憾。元代以前的八行本十分顯赫，其疏文文字與單疏本相近。魏了翁的《尚書要義》文字接近八行本，只是增加了《經典釋文》的内容。魏縣尉宅本應是元十行本的前身，而譌誤較元十行本爲少。至於平水本，没發現關係較近的注疏本，但文字與魏縣尉宅本相對較近，而與八行本相對較遠，應當源於福建地區的坊本。這些版本之間的關係，只有通過校勘才能體會到，這也是我們彙校的收穫之一。

對《尚書注疏》的前人校勘成果，在按撰寫先後逐條羅列之後，結合我們對衆本的校勘，也可以有一些更切實的認識。日本山井鼎、物觀《七經孟子考文補遺》一百九十九卷三十二册，刊成於享保十六年（清雍正九年），不久傳入我國，乾隆修《四庫全書》，即與中國學者浙江嘉善浦鏜的《十三經注疏正字》一併收入經部。全面校勘《十三經注疏》以山井鼎、浦鏜爲開闢者。浦鏜稍晚於山井鼎，但没有見過山井鼎的《考文》，所以二人算是不約而同。二家的路子有較大差異，山井鼎主要利用日本足利學校收藏的古寫本、古活字本、宋刊注疏本進行版本對校，盡可能全面地羅列異文。浦鏜没有條件利用早期的刻本，使用的只是明刻閩、監、毛三家及清乾隆殿本，尤以監、毛二本爲主，並且監本用的也是修版後印本，所以他的方法主要是「他校法」，即廣泛搜集史傳舊注，尤其是各經注疏中的引文，進行互校。發掘材料之廣，令人欽佩。浦鏜還較多利用了「本校法」和「理校法」，即據文義尋繹其是非，結論多爲盧文弨、阮元認可。浦鏜在版本校勘方面不能與山井鼎比肩，而山井鼎在網羅旁證、尋繹文義、判斷是非方面與浦鏜不能同日而語，二人各有其長，正可互補。山井鼎《考文》的輸入和浦鏜《正字》的誕生，正是清代考據學日漸興盛的時期，二人校勘成果的配合，已可包括後來盧文弨、阮元校經的所有基本方法，而在規模上，則與盧文弨、阮元可以共同構成《十三經注疏》校勘四大家。其他從事《十三經注疏》校勘的學者（如惠棟等），要麽成果未嘗刊行，要麽規模相對較小，終不能與四家相比。盧文弨從事《十三經注疏》校勘，成果正式問世的有《周易》、《尚書》、《儀禮》、《禮記》等。從《尚書》看，他所使用的版本基本上是元刊明修十行本（盧氏稱元本）以來的本子，没有多少優越之處，他在版本校勘方面主要採用了山井鼎的成果，而在求旁證和尋繹文義、判斷是非方面，大量採用了浦鏜的成果。這些承用山井鼎、浦鏜的成果，盧氏在《七經孟子考文補遺題辭》、《十三經注疏正字跋》等文中的確説過「兩取其長」、「善者兼取之」的話，而在具體行文時，卻未能逐一注明，以今觀之，仍不能免掠美之嫌。不過盧氏無愧校讎名家，考證判斷往往後出轉精，其貢獻未可低估。阮元《十三經注疏校勘記》則廣泛承用了山井鼎、浦鏜、盧文弨的成果，雖在卷前交代了「古本」、「宋板」借用山井鼎《考文》，對於浦鏜、盧文弨也頻繁稱引其名，但未明指之處仍占大半。阮元網羅版本較廣，與事學者亦夥，可資借鑒之時人前修成果更非山井鼎、浦鏜、盧文弨三家可比，故後來居上，有集其大成之概。後人了解山井鼎、浦鏜、盧文弨三家校經成果，大都只是借阮元《校勘記》間接得其一鱗半爪，三家之爲阮校所掩，無可避免矣。阮元去盧文弨較近，而校勘方法亦不遠，仁者見仁，智者見智，阮元的判斷與盧氏相左者正復不少，而以今衡之，則互有短長，未必皆後勝於前也。今將山井鼎、浦鏜、盧文弨、阮元四家盡數羅列於一處，其因循承襲，增益辨訂，軌跡燦然，其餘各家固不能望其項背。近人校記，如劉承幹、張鈞衡二家，皆繆荃孫代撰，不過就阮元刊本，參其校記，敷衍成文，版本既未廣徵，考證亦復苟簡，宜其佳者無幾也。

如上所述，《尚書注疏彙校》既能反映版本源流，又能反映《尚書注疏》在刊刻過程中文字變化的軌跡，同時也能看到前人校記的遞承關係，對我們學習研究或整理使用《尚書注疏》都有較好的參考意義。在《尚書注疏彙校》即將付梓之際，我代表《十三經注疏彙校》項目組的同志向關心支持《彙校》工作的專家師友和領導致以崇高的敬意。鑒於校勘工作的複雜性和我們能力的限制，錯誤疏漏在所難免，希望讀者隨時惠予批評指正。二〇一五年二月二日滕州杜澤遜記於山東大學儒學高等研究院校經處。

附記

《尚書注疏彙校》清様經中華書局排出後，參加校勘工作的諸位同道多已畢業離校，清様的審校工作由校經處程遠芬、韓悦、劉曉麗、王寧、王曉靜分任之，杜澤遜總負責。其間覆覈原本，修正錯誤，端賴諸君。特此説明。

二〇一七年四月十五日杜澤遜記

尚書注疏彙校凡例

一、《尚書注疏彙校》以校勘《尚書注疏》傳世版本爲主，以《尚書》早期單經本、經注本、經注釋文本爲輔，所校版本有：唐開成石經本、宋刻單疏本、宋刻八行本、李盛鐸舊藏宋刻本、宋王朋甫刻本、宋刻纂圖互注本、宋魏縣尉宅刻本、蒙古平水刻本、魏了翁《尚書要義》、元相臺岳氏刻本（清乾隆重刻）、元刻明修十行本、明永樂刻本、明嘉靖李元陽刻本、明萬曆北京國子監刻本、明崇禎毛氏汲古閣刻本、清乾隆武英殿刻本、清乾隆内府鈔《文淵閣四庫全書》本、清乾隆内府鈔《摛藻堂四庫全書薈要》本、清嘉慶阮元南昌府學刻本，共十九種。詳見《尚書注疏彙校據校各本目録》。

二、《尚書注疏彙校》底本選用明萬曆北京國子監刻《十三經注疏》本，影印置於各卷彙校之前。選用北監本的理由是該本十三部經典注疏俱全、開版精整、校刊謹嚴、用字規範、體例沿十行本之舊。屬於這一系統的版本有宋魏縣尉宅本、元刊明修十行本、明永樂本、明嘉靖李元陽本、明毛氏汲古閣本、清阮元南昌本，加上北監本共七種，比對異文，撰寫校記，均較便利。

三、北監本刊於明萬曆十五年，明崇禎至清康熙間迭經修版重印，譌誤滋多，清乾隆武英殿據以重刻者，浦鏜、盧文弨、阮元據以校勘者，均係修版。今選用天津圖書館藏萬曆印本，未經修版，偶有刷印模糊，用山東省圖書館、浙江圖書館藏萬曆印本替補，以期版面清朗，而不失原貌。

四、乾隆武英殿刻《十三經注疏》，全文施以句讀，今照式移於北監本，以便閱讀引用。殿本句讀，偶有可商，未敢遽改，示矜慎也。

五、《彙校》共二十卷，排列於影印北監本各卷之後，分卷與北監本同。

六、每條校勘記均標明北監本的頁數、行數，行數下注明出校正文爲經、或注、或疏、或釋文，再下爲摘句。

七、摘句照録北監本。凡他本與北監本文字有異，或北監本有而他本所無之字，均在相應字右旁加△號。凡北監本無而他本有之字，則於相應位置加＜號。凡整句異者，則不加標識。

八、摘句之下即爲校勘記。校勘記只記與北監本異者，不記與北監本同者。各條校勘記先舉出校之字，加引號，下加逗號，下列他本作某，或某字之下他本有某字，或某字之下他本無某字，或某某幾字他本在某某句之下。版本均用簡稱，詳見《據校各本目録》。校語不用「譌」、「脱」、「衍」、「倒」等判斷詞，所謂「死校法」也。

九、羅列異文，按校本年代先後，以見文字演變軌跡。

十、凡異形異體字，一般不出校。異形異體字確認之法有四：（一）在原字基礎上的簡化或繁化；（二）音義全同；（三）不構成新字；（四）在一定範圍内通用。凡不常見之異體異形字，則盡量出校。凡字形相差較大者，如「萬」與「万」、「無」與「无」等，一律出校。此與文字學上以蒐集異體異形字爲職志者，旨趣稍異。

十一、古本習用相通之字，如「尤」阮本多作「九」，「助」李元陽本多作「助」，「迎」平水本多作「迎」，「苗」永樂本多作「苗」，又「穀」與「穀」，「須」與「湏」，「无」與「旡」，「己」、「巳」、「已」三字，亦多通用，雖非異體字，一般情況下亦不出校記。

十二、避諱缺筆之字，不出校記。避諱改字，如毛本「校」作「挍」，殿本「曆」作「暦」，偶入校記，不盡舉。

十三、書版泐損所致異文，如「王」作「王」，「徒」作「徒」，「天」作「大」，「玉」作「王」，擇其易滋誤會者入校記。

十四、武英殿本合併注文之疏數條爲一條，又删去疏文「某某至某某正義曰」標目，釋文亦多合併移位。庫本、薈要本沿殿本之式。此類一般不出校勘記。凡殿本增加文字、改易文字，均出校記。

十五、各條校記之下，附列前人校記。計有顧炎武《九經誤字》，日本山井鼎、物觀《七經孟子考文補遺》，武英殿刻《尚書注疏》附《考證》，浦鏜《十三經注疏正字》，王太岳等《四庫全書考證》，乾隆敕撰《四庫全書薈要》附案語，乾隆重刊《相臺五經》附《考證》，盧文弨《羣書拾補》，阮元《十三經注疏校勘記》（文選樓本簡稱《校記甲》），阮元南昌府學刻《十三經注疏》附《校勘記》（簡稱《校記乙》），汪文臺《十三經注疏校勘記識語》，孫詒讓《十三經注疏校記》，劉承幹刻《尚書正義》附《校勘記》，張鈞衡刻《尚書注疏》附《校勘記》，日本東方文化研究所《尚書正義定本》附《校勘記》，共十五家。引用諸家校記均用簡稱。詳見《尚書注疏彙校引用各家校記目録》。每家以〇相隔，依成書先後排列，以見因襲匡補之跡。

十六、前人校記均加斷句。其書名、人名、地名則不加標點符號。

十七、山井鼎、物觀《考文補遺》，凡「古本」、「宋板」僅於首條標明，以下從省。今既散附各條校記之下，則不能不逐一標明，僅加六角括號，用〔古本〕、〔宋板〕之式，以示非原文所有。《考文補遺》據《經典釋文》校勘者，每篇首見標「元文」作某，以下省去。今於每條均加標〔經典釋文〕作某。其據《經典釋文》原書「補脱」者，僅見於《凡例》，今亦於各條加注〔據經典釋文〕字樣，以清眉目。

十八、浦鏜《正字》今所見爲《文淵閣四庫全書》本，行文偶與阮元《校勘記》所引有出入，亦各存其舊，不加改動。

十九、盧文弨《羣書拾補》内《尚書注疏攷正》，行文極簡省。前序云：「書内文字，是者大書，凡毛本譌字，及小有異同，注其下以備攷。」如「案左傳止上有三墳五典」謂毛本誤「上」，字當作「止」。今繹述爲：「案左傳止有三墳五典。毛本『止』作『上』。『上』當作『止』。」毛本之外校語，則依盧氏原文，不加是非判斷。

二十、阮元《校記甲》全録，《校記乙》與《校記甲》相同者，僅注「阮元《校記乙》同」，不同者亦全録之。

二十一、山井鼎、殿本《考證》、盧文弨、阮元諸家所據北監本爲修版，故所指監本作某，或與初印監本不合，今各存其舊，不予改動。讀者檢核北監本正文，可明之也。

二十二、前人校記偶有未確，如阮元《校勘記》以「十行、正、嘉、閩」四本並列，實則山井鼎所謂「正」指十行本正德修版，所謂「嘉」指嘉靖李元陽刻閩本，是阮氏謂二本爲四本也。今均照録，不予改動。讀者尋繹彙校，自可明之。

二十三、前人校記於異體、異形或古今字或有辨析，如「昏」與「昬」、「注」與「註」、「皋」與「臯」、「效」與「効」等，今視爲異體字不出校記，而前人辨析照録。

二十四、諸家摘句及校語偶有譌誤，不敢輒改，僅於誤字之下用（）注其正確之字；又有脱文，以〔〕補之。前人校記有措詞過簡者，亦用〔〕補全。如盧文弨稱殿本爲「官」，今加「本」字爲「官(本)」;《定本校記》稱足利學校藏八行本爲「八行本」,爲區别於中國國家圖書館藏八行本,今加「足利」二字,爲「(足利)八行本」。

二十五、須加説明之事項,以括注「彙校者案」附識之。

尚書注疏彙校據校各本目録

一、唐石經本（石）　唐文宗大和七年至開成二年刻石於長安太學，凡十二經，現存西安碑林。其中《尚書》十三卷，白文無注，卷端題「孔氏傳」，知亦從孔傳本取其經文而成者。今據民國十五年丙寅掖縣張氏皕忍堂摹刻本校。清儒自張爾岐、顧炎武以下頗重唐石經本，而所見多有出入，如盧文弨稱唐石經本作某，或與皕忍堂本不合，亦各尊所聞，存備參稽。

二、單疏本（單）　南宋刻，題《尚書正義》二十卷，日本宫内廳書陵部藏。孔穎達等奉敕作疏，經文及孔傳均不録，僅有疏文。每節標「某某至某某正義曰」，先疏經文，再疏傳文。此單疏本存孔疏之舊貌，是可貴者。官本校刊頗謹慎，偶有訛誤。一九二九年日本大阪每日新聞社影印，一九三五年上海商務印書館《四部叢刊三編》又據每日新聞社本影印，張元濟跋云「卷二第二十六葉、卷六第二十七葉原缺抄配，有脱行補注，今依本書原式重寫，更見整飭」。今據商務本校。

三、八行本（八）　南宋兩浙東路茶鹽司刻，半葉八行，世稱八行本，凡二十卷。卷一、卷二、卷六、卷十七卷端題《尚書正義》，其餘各卷卷端題《尚書注疏》。中國國家圖書館藏。有光緒甲申楊守敬於日本神户舟中跋云購自日本大阪。書凡十册，卷七卷八、卷十九卷二十兩册佚去，日本人影摹鈔補。影鈔的底本，據日本學者野間文史研究，是日本弘化四年（一八四七）熊本藩時習館模刻足利八行本。其餘各卷亦偶有殘損若干字者。此本校刻謹嚴，偶有譌誤，文字與單疏本頗近，魏了翁《尚書要義》蓋亦源出此本。一九八六年中華書局《古逸叢書三編》原大影印。今據中華本校。日本足利學另藏一部，蓋出一版，而刷印稍後，版經修補。日本山井鼎、物觀《七經孟子考文補遺》，倉石武四郎等《尚書正義定本》附《校勘記》，皆據足利本校勘，所列異文偶與中華本不合，而以足利本修版致誤者爲多。今於國圖本鈔配四卷，參校足利八行本，其本見於北京大學出版社二〇一五年《影印南宋官版尚書正義》。

四、李盛鐸舊藏宋刻本（李）　南宋坊刻，僅有經文、孔傳。卷端題《尚書》，十三卷。卷七末佚去《微子之命》一篇。北京大學圖書館藏。宋刻經注本之僅存者，修版與原版雜配，俗字譌文頗多。《中華再造善本》據以影印。今據《再造》本校。

五、王朋甫本（王）　南宋王朋甫福建刻，經文、孔傳、陸德明釋文合刻本，卷端題《尚書》，十三卷，另卷前有圖十七。臺灣「中央圖書館」藏。孔安國序末有建安錢塘王朋甫刻書牌記云：「今得狀元陳公諱應行精加點校，參入音釋彫開。」日本阿部隆一謂「撫刻精良，楮墨清爽」，唯坊本俗字簡體頗多。《西伯戡黎》「天既訖我殷命」下孔傳「文王率諸侯共事紂，貌雖事紂，内秉王心」至「言殷祚至此而畢，將欲化爲周」七十一字，實爲孔穎達疏文，然則此本恐亦源於注疏本，非注疏本之祖本也。一九九一年臺灣「中央圖書館」《善本叢刊》影印。今據《叢刊》本校。

六、**纂圖互注本（纂）**　南宋福建刻，卷端題《監本纂圖重言重意互註點校尚書》，十三卷，經文、孔傳、釋文合刻，外加「重言重意互注」，卷前有纂圖。王朋甫本《西伯戡黎》「天既訖我殷命」下混入孔穎達疏文一節，此本亦同。劉承幹藏。民國八年商務印書館《四部叢刊》影印本。今據商務本校。

七、**魏縣尉宅本（魏）**　南宋福建刻，二十卷，半葉九行。經文、孔傳、疏文、釋文四者合刻，此係傳世第一本，元十行本殆從此出。卷一、卷六、卷七、卷十至卷十六卷端題《附釋文尚書註疏》，卷二至卷五、卷八、卷九題《附釋音尚書註疏》。卷十七至卷二十佚去，配以元刊明修十行本。臺灣「故宫博物院」藏，一九八九年臺灣「故宫博物院」《善本叢書》據以影印。今據《叢書》本校。

八、**平水本（平）**　蒙古時期平陽刊，時當南宋之末。卷端題《尚書注疏》，二十卷，前有《新彫尚書纂圖》一卷。此係經文、孔傳、疏文合刻本，而每卷附陸德明《釋文》。《堯典》「肆類於上帝」孔傳「遂以攝告天及五帝」下接「王云：上帝，天也。馬云：上帝，太一神，在紫微宫，天之最尊者」共二十二字。此二十二字非孔傳，實爲陸德明《經典釋文》混入孔傳，由此知平水本之「經傳」當源於經傳釋文合刻本。至於各卷後所附《經典釋文》，無異於一部平水刊《尚書釋文》。黄焯《經典釋文彙校》未及於此，益知其可貴也。唯坊刻訛誤頗多，不及八行本矜慎。國家圖書館藏，《中華再造善本》據以影印。今即據影印本校。卷三至卷六清初鈔配，脱誤幾於滿紙，不入校記。國家圖書館另藏殘本一部，同版，而印刷甚晚，唯此本所缺者，彼尚存卷六《禹貢》，今亦據以校勘。

九、《尚書要義》（要）　宋魏了翁撰，《九經要義》之一。此書摘録《尚書注疏》中語，計二十卷。《文淵閣四庫全書》據明祁承㸁澹生堂藏本謄寫，原缺卷七至卷九、卷十二至卷十四。《四庫總目》著録爲十七卷，云原目二十卷，中第七、第八、第九卷並佚。阮元《宛委别藏》因據以補鈔此三卷。其卷十二至卷十四仍缺。今即據《文淵閣四庫全書》、《宛委别藏》影印本校。中有魏氏增改字句，更有庫本謄録之訛，非盡注疏脱誤，唯歧異顛倒之處，往往與八行本合，或從彼出也。

一〇、相臺岳本（岳）　清乾隆四十八年武英殿仿元相臺岳氏刻本重刊，卷端題《尚書》，十三卷。經文、孔傳、音義合刻本。其音義與陸德明《釋文》不盡合。岳氏原刊舊藏清宫天禄琳琅，嘉慶宫火，焚之都盡，幸賴此刻留其梗概。每卷末附《考證》，知當時校刊頗爲審慎，唯岳本譌誤，偶有改刻，則非岳氏原貌矣。阮元所稱岳本即此，今亦據校。

一一、**元刊明修十行本（十）** 元福建刊，明正德修補重印，經文、孔傳、疏文、釋文合刻，半葉十行，世稱十行本。題《附釋音尚書註疏》，二十卷，阮元據以重刊，稱宋本。盧文弨稱元本，近人亦以爲元刊。明修版版心刻「正德十二年重刊」、「正德十二年」、「閩何校」、「林重校」、「蔡重校」、「鄉林重校」等字樣，譌誤較原版增多，亦偶有改正者。此元十行本殆從宋魏縣尉宅本出，而譌奪較魏縣尉宅本爲多。永樂中嘗據元刊十行本重刻，嘉靖中李元陽又據此元刊明修本重刊，明北監本從李元陽本出，毛本、乾隆殿本則皆從北監本出，《四庫全書》本更據殿本校寫。嘉慶中阮元再據元刊明修十行本重刊，而附加校勘記，通行於世。然則十行本殆承上啓下之關鍵也。北京市文物局藏，劉盼遂故物，《中華再造善本》影印。今據影印本校。阮元所稱十行本作某，或與此不合，今亦各存其舊耳。

一二、**永樂本（永）** 明永樂間刊，題《尚書註疏》，二十卷。半葉八行，陸心源誤爲明翻宋八行本。張鈞衡誤爲宋刊本，且影刊傳世。據傳增湘所見盧址抱經樓藏本，有永樂刊記，余校元十行本，脱誤皆同，知從元十行本出也。元十行本印於永樂以前者世所罕有，學者所見皆正德修版，欲窺元十行本舊貌，或可於永樂本得之。張本後歸臺灣「中央圖書館」。今即據以校勘。

一三、**閩本**(**閩**) 明嘉靖十六年前後福建巡按御史李元陽、提學僉事江以達刻於閩中,世稱閩本。此據元刊明修本重刊,稍有校正,亦偶增錯誤。日本東京大學東洋文化研究所藏後印本,剷去各卷李元陽、江以達校刊銜名,版有漫漶。今據以校勘。

一四、**北監本**(**監**) 明萬曆十五年北京國子監刊,從李元陽閩本出,校勘詳審,文字規範。崇禎、康熙間遞有修補,頗增訛誤。武英殿本所據,浦鏜、阮元所校,皆崇禎修版。今取天津圖書館藏萬曆刻本爲校勘底本,與各本相校。卷内避明諱瑋、熾、鎮、照、鈞、洛等字缺筆,言明代避諱者所未及,特著於此。

一五、**毛本**(**毛**) 明崇禎五年常熟毛晉汲古閣刻,題《尚書註疏》,二十卷。此據北監本重刊,而有校勘,每與宋本合。其依《經典釋文》校改音切者頗多。蓋元明以來語音演變,陸氏音切或有不合實用者,十行、閩、監三本或改陸氏舊音以遷就之,如陸音「長,丁丈反」,元明各本或改「竹丈」、「之丈」二反。毛本或據陸氏《釋文》回改之。殿本回改較毛本尤多。山井鼎《考文》、阮元《校記甲》皆以毛本爲底本,浦鏜《正字》、盧文弨《拾補》亦以毛本爲主。崇禎以後,阮本以前,學者通用,厥惟毛本。毛本是非,多有所承,故毀譽交至,往往不得其溯。今據東京大學東洋文化研究所藏本校勘。

一六、**殿本**(**殿**) 清乾隆四年武英殿校刊,題《尚書注疏》,十九卷,以孔安國《尚書序》爲卷首，《堯典》爲卷一，與二十卷本微異。此據萬曆北監刻崇禎修版印本重刊，釋文、疏文皆有合併移易。釋文依《經典釋文》校補者頗多，疏文則删去單疏以來起訖語「某某至某某正義曰」字樣，又或添補「某某某某者」以代之，頗失原貌。唯文字校勘頗精，通加句讀，各卷附考證，實開近世古籍整理先河，其功過實不能相掩。天津圖書館藏内府開化紙印本，精雅可寶，今據以校勘。

一七、庫本（庫） 清乾隆間内府寫《文淵閣四庫全書》本，從殿本出，而有校正，唯四庫謄録官書寫習慣不一，每多俗體省筆，非善本也。今據臺灣商務印書館影印本校。

一八、薈要本（薈） 清乾隆間内府寫《摛藻堂四庫全書薈要》本，從殿本出，而有校正。卷末或有案語，即校勘記也。其提要每云據某本校，足資考證。俗體訛字與庫本同出一轍，而文字或與庫本異，寫手所致也。今據臺灣世界書局影印本校，唯以與庫本異者入《彙校》，所謂參校本也。

一九、阮本（阮） 清嘉慶二十至二十一年南昌府學刻本，時阮元巡撫江西，實主其事。此據元刊明修十行本重刊，行款悉同，十行本俗字簡筆頗多，此則改從規範，復以阮元《十三經注疏校勘記》摘附各卷之末，學者稱便，二百年間通行之本也。今據中華書局二〇〇九年影印本校，參以傳古樓本。

尚書注疏彙校引用各家校記目録

一、《九經誤字》一卷(顧炎武《九經誤字》) 清顧炎武撰,清光緒十四年朱氏校經山房刻《顧亭林先生遺書彙輯》本。自序云以唐石經本校監本之誤。其中《尚書》九條,皆非以石經校監本,乃以石經、監本校「今本」之誤者,與自序不符。所謂「今本」多指蔡沈《書集傳》。

二、《七經孟子考文補遺》一百九十九卷(山井鼎《考文》、物觀《補遺》) 日本山井鼎撰,物觀補遺,清嘉慶二年阮氏刻《文選樓叢書》本。其中《尚書注疏》二十卷、《古文考》一卷。《考文》成於享保十一年(清雍正四年),《補遺》成於享保十五年(清雍正八年)。「七經」指孔穎達《五經正義》之外,加上《論語注疏》、《孝經注疏》。以崇禎本(毛本)爲底本,主校本爲足利學校所藏宋本《五經正義》、古本、足利古活字本,參校本則爲正德本(元刊明修十行本)、嘉靖本(李元陽刻閩本)、萬曆本(北監本),另有《經典釋文》原書。盧文弨、阮元校經稱「古本」、「宋本」者多出此書。

三、《尚書注疏》附《考證》二十卷(殿本《考證》) 清齊召南等奉敕撰,清乾隆四年武英殿刻《尚書注疏》附本。其「考證」或爲釋義,或爲校字,其校字者録入《彙校》。

四、《十三經注疏正字》八十一卷（浦鏜《正字》）　清浦鏜撰，清乾隆内府寫《文淵閣四庫全書》本（誤題沈廷芳撰）。卷四至卷八爲《尚書注疏正字》。所舉以監、毛二本之誤爲多，而每與殿本合，是取資殿本以訂監、毛之誤者。唯引據經史傳注，又以經注與疏文互證，所得獨多，正可與山井鼎《考文》以版本勝者相輔也。

五、《四庫全書考證》一百卷（《四庫考證》）　清王太岳、王燕緒等奉敕輯，清乾隆内府寫本，一九九一年書目文獻出版社影印。輯四庫館臣校籤别爲此書，《尚書注疏考證》在卷四，僅十六條，其中據毛本正殿本者三條，據經史正殿本者四條，餘皆不舉依據，徑下案斷。

六、《四庫全書薈要》案語（《薈要案語》）　清高宗弘曆敕撰，清乾隆内府寫《摛藻堂四庫全書薈要》附本，在各卷末。《尚書注疏》案語計五十六條，訂殿本訛誤，多徑下案斷。

七、《仿宋相臺五經》附《考證》（岳本《考證》）　清高宗弘曆敕撰，清乾隆四十八年武英殿仿元相臺岳氏荆谿家塾刻《相臺五經》附本。

八、《羣書拾補·尚書注疏攷正》三卷（盧文弨《拾補》）　清盧文弨撰，清乾隆刻《抱經堂叢書》本。各卷題《尚書注疏》，版心題《羣書拾補》。《夏書》、《周書》卷端下分别題「夏書攷正」、「周書攷正」雙行小字，知盧氏以《尚書攷正》爲書名。總括山井鼎、浦鏜二家校記，擇其精要，斷其是非。自序云：「書内文字是者大書，凡毛本訛字，及小有異同，注其下以備攷。」今依盧氏文例引述。如《拾補》校《尚書序》云：「是五典二字脱，宋、元有。爲五帝之書。」今引述爲：「是五典爲五帝之書。『是』下毛本脱『五典』二字，宋〔本〕、元〔本〕有。」再如《拾補》校《堯典注疏》：「故此德充滿居上止。於天。」今引述爲：「故此德充滿居上於天。『上』，毛本作『止』。『止』當作『上』。」

九、《十三經注疏校勘記》二百四十五卷（阮元《校記甲》） 清阮元撰，清嘉慶阮氏文選樓刻本，其中《尚書注疏校勘記》二十卷、《釋文校勘記》二卷。此係阮校記初出單行本，底本摘句爲毛本，分注校語於句下，所校以唐石經本、元刊明修十行本、岳本、閩本、監本、葛氏永懷堂本爲主。其「宋本」、「古本」採自山井鼎《考文》，亦有取捨。又山井鼎稱元刊明修十行本爲正德本，阮稱十行本；山井鼎稱李元陽本爲嘉靖本，阮稱閩本，阮氏校記或以十行、正德、嘉靖、閩本並列，殊失變通。阮氏巡撫江西，刊十行本於南昌，盧宣旬又將《校勘記》摘附於各卷之末。摘句改毛本爲阮刻十行本，校語不得不隨之改寫，且有增減。今稱文選樓本爲《校記甲》，南昌本爲《校記乙》，二者互有參差，要以此爲詳贍。《釋文校勘記》二卷，更南昌本所未收。今盡録於《彙校》，凡二本同者，録甲而注「阮元《校記乙》同」，二本異者則兼録之。

一〇、《十三經注疏校勘記》四百十六卷（阮元《校記乙》） 清阮元撰，盧宣旬摘録。清嘉慶二十至二十一年阮元南昌府學刻《十三經注疏》附本。摘録不無訛誤，《校記甲》有判斷者，此或僅列異文。其中《尚書注疏》附校勘記二十卷，《校記甲》之《釋文校勘記》二卷多未摘入，非可謂後勝於前也。

十一、《十三經注疏校勘記識語》四卷（汪文臺《識語》）　清汪文臺撰，清光緒三年江西書局刻本。此係對南昌本阮元校勘記之補正，内《尚書注疏校勘記識語》計十八條，多引據經史傳注。

十二、《十三經注疏校記》（孫詒讓《校記》）　清孫詒讓撰，雪克輯。二〇〇九年中華書局排印《孫詒讓全集》本。内《尚書注疏校記》六十餘條，多引據經史傳注，又有討論訓詁者，非盡校勘記也。

十三、《尚書正義校勘記》二卷（劉承幹《校記》）　劉承幹撰，民國五年劉承幹刻單疏本《尚書正義》附本，《嘉業堂叢書》之一。單疏本宋刻藏日本宫内廳書陵部，今據涵芬樓影印本校。劉氏此刻從抄本出，亦源於宫内廳本，不復校。其《校勘記》二卷，繆荃孫代撰，多摘阮元校勘記而不加案斷。

十四、《尚書注疏校勘記》一卷（張鈞衡《校記》）　張鈞衡撰，民國五年張鈞衡影刻明永樂本《尚書注疏》附本，《擇是居叢書》之一。原書天一閣舊藏，誤爲宋版，張氏得之，倩陶子麟影刊，繆荃孫經辦，因與阮元本相校，代撰《校勘記》一卷附之。此書雖不能盡發阮本之異，而指摘阮本訛誤，較之劉承幹《校記》精覈多矣。

十五、《尚書正義校勘記》二十卷（定本《校記》） 日本倉石武四郎、吉川幸次郎等撰，日本昭和十四年（一九二五）東方文化研究所排印《尚書正義定本》附本。所校以日本宫内廳藏宋刻單疏本、足利學校藏宋刻八行本爲主，古本則有燉煌本、九條本、神田本、内野本、神宫本、足利本、清原宣賢手鈔本等，足資參證。

尚書正義序

唐孔穎達撰

皇明朝列大夫國子監祭酒臣李長春
奉訓大夫司經局洗馬管司業事臣盛訥等奉

勑重校刊

夫書者，人君辭誥之典，右史記言之策。古之王者，事緫萬機，發號出令，義非一揆，或設教以馭下，或展禮以事上，或宣威以肅震曜，或敷和而散風雨。得之則百度惟貞，失之則千里斯謬。樞機之發，榮辱之主，絲綸之動，不可不慎。所以辭不苟出，君舉必書，欲其昭法誡，慎言行也。其泉源所漸。基於出震之君。黼藻斯彰。郁乎如雲之后。勳華揖讓而典謨起。湯武革命而誓誥興。先君宣父。生於周末。有至德而無至位。修聖道以顯聖人。芟煩亂而翦浮辭。舉宏綱而撮機要。上斷唐虞。下終秦魯。時經五代。書總百篇。采翡翠之羽毛。拔犀象之牙角。罄荆山之石。所得者連城。窮漢水之濱。所求者照乘。巍巍蕩蕩。無得而稱。郁郁紛紛。於斯爲盛。斯乃前言往行。足以垂法將來者也。暨乎七雄已戰。五精未聚。儒雅與深穽同埋。經典共積薪俱燎。漢氏大濟。區宇廣求遺逸。采古文於金石。得今書於齊魯。其文則歐陽夏侯二家之所説蔡邕碑石刻之。古文則兩漢亦所不行。安國註之寔遭巫蠱。遂寢而不用。歷及魏晉。方始稍興。故馬鄭諸儒莫覩其學。所註經傳。時或異同。晉世皇甫謐獨得其書。載於帝紀。其後傳授。乃可詳焉。但古文經雖然早出。晚始得行。其辭富而備。其義弘而雅。故復而不厭。久而愈亮。江左學者。咸悉祖焉。近至隋初。始流河朔。其爲正義者蔡大寶、巢猗、費甝、顧彪、劉焯、劉炫等。其諸公旨趣。多或因循。怙釋註文。義皆淺略。惟劉焯、劉炫最爲詳雅。然焯乃織綜經文穿鑿孔穴詭其新見異彼前儒非險而更爲險無義而更生義竊以古人言誥惟在達情雖復時或取象不必辭皆有意若其言必託數經悉對文斯乃鼓怒浪於平流震驚飆於靜樹使教者煩而多惑學者勞而少功過猶不及良爲此也炫嫌焯之煩雜就而刪焉雖復微稍省要又好改張前義義更太略辭又過華雖爲文筆之善乃非開奬之路義既無義文又非文欲使後生若爲領袖此乃炫之所失未爲得也今奉

明勑考定是非謹罄庸愚竭所聞見覽古人之傳記質

近代之異同。存其是而去其非。削其煩而增其簡。此亦非敢臆説。必據舊聞。謹與朝散大夫行太學博士臣王德韶。前四門助教臣李子雲等。謹共銓敘。至十六年又奉

勑與前修疏人。及通直郎行四門博士驍騎尉臣朱長才。給事郎守四門博士上騎都尉臣蘇德融。登仕郎守太學助教雲騎尉臣隨德素。儒林郎守四門助教雲騎尉臣王士雄等。對

勑使趙弘智。覆更詳審。爲之正義。凡二十卷。庶對揚於

聖範。冀有益於童稚。略陳其事。敘之云爾。

尚書正義序終

尚書註疏卷第一　漢孔氏序　唐孔穎達疏

皇明朝列大夫國子監祭酒臣李長春

奉訓大夫司經局洗馬管司業事臣盛訥等奉

勅重校刊

尚書序

釋文此孔氏所作。述尚書起之時代。并叙爲注之由。故相承講之。今依舊爲音。【疏】正義曰。道本沖寂。非有名言。既形以道生。物由名舉。則凡諸經史。因物立名。物有本形。形從事著。聖賢闡教。事顯於言。言惬羣心。書而示法。既書有法。因號曰書。後人見其久遠。自於上世。尚者。上也。言此上代以來之書。故曰尚書。且言者意之聲。書者言之記。是故存言以聲意。立書以記言。故易曰。書不盡言。言不盡意。是言者意之筌蹄。書言相生者也。書者。舒也。書緯璿璣鈐云。書者。如也。則書寫其言如其意。情得展舒也。又劉熈釋名云。書者。庶也。以記庶物。又爲著。言事得彰著。五經六籍。皆是筆書。此獨稱書者。以彼五經者。非是君口出言。卽書爲法。所書之事。各有云爲。遂以所爲别立其稱。稱以事立。故不名書。至於此書者。本書君事。事雖有别。正是君言。言而見書。因而立號。以此之故。名異諸部。但諸部之書。隨事立名。名以事舉。要名立之後。亦是筆書。故百氏六經。摠曰書也。論讖所謂題意别名。各自載耳。昭二年左傳曰。晉韓起適魯。觀書於太史氏。見易象與魯春秋。此摠名書也。序者。言序述尚書起存亡註説之由。序爲尚書而作。故曰尚書序。周頌曰。繼序思不忘。毛傳云。序者。緒也。則緒述其事。使理相胤續。若繭之抽緒。但易有序卦。子夏作詩序。孔子亦作尚書序。故孔君因此作序名也。鄭玄謂之贊者。以序不分散。避其序名。故謂之贊。贊者。明也。佐也。佐成序義。明以註解故也。安國以孔子之序分附篇端。故已之摠述。亦謂之序。事不煩重。義無所嫌故也。

古者伏犧氏之王天下也。始畫八卦。造書契以代結繩。之政。由是文籍生焉。○伏犧氏。伏。古作虙。犧。本又作羲。亦作戲。許皮反。說文云。賈侍中說此犧非古字。張揖字詁云。羲。古字。戲。今字。一號包犧氏。三皇之最先。風姓。母曰華胥。以木德王。即太皡也。王。于況反。畫。乎麥反。卦。俱賣反。契。苦計反。書者。文字。契者。刻木而書其側。故曰書契也。一云。以書契約其事也。鄭玄云。以書書木邊。言其事。刻其木。謂之書契也。結繩。易繫辭下。上古結繩以治。後世聖人易之以書契。文。文字也。籍。籍書。

【疏】古者至生焉○正義曰。代結繩者。言前世之政用結繩。今有書契以代之。則伏犧時始有文字以書事。故曰。由是文籍生焉。自今本昔曰古。古者以聖德伏物。教人取犧牲。故曰伏犧。字或作宓犧。音亦同。律歷志曰。結作網罟以取犧牲。故曰伏犧。或曰包犧。言取犧而包之。顧氏讀包爲庖。取其犧牲以供庖廚。顧氏又引帝王世紀云。伏犧母曰華胥。有巨人跡出於雷澤。華胥以足履之。

有娠。生伏犧於成紀。蛇身人首。月令云其帝太昊。繫辭云古者包犧氏之王天下也。是直變包言伏耳。則伏犧是皇。言王天下者。以皇與帝王據跡爲優劣通亦爲王。故禮運云昔者先王。亦謂上代爲王。但自下言之。則以上身爲王。據王身於下。謂之王天下也。知伏犧始畫八卦者。以繫辭云包犧氏之王天下也。後乃云始畫八卦。以通神明之德。以類萬物之情。故知之也。知時造書契以代結繩之政者。亦以繫辭云上古結繩而治。後世聖人易之以書契。蓋取諸夬。是造書契可以代結繩也。彼直言後世聖人。知是伏犧者。以理比況而知。何則。八卦畫萬物之象。文字書百事之名。故繫辭曰。仰則觀象於天。俯則觀法於地。觀鳥獸之文。與地之宜。近取諸身。遠取諸物。始畫八卦。是萬象見於卦。然畫亦書也。與卦相類。故知書契亦伏犧時也。由此。孔意正欲須言伏犧時有書契。本不取於八卦。今云八卦者。明書卦相類。據繫辭有畫八卦之成文而言。明伏犧造書契也。言結繩者。當如鄭注云。爲約事大。大其繩。事小。小其繩。王肅亦曰結繩識其政事是也。言書契者。鄭云。書之於木。刻其側爲契。各持其一。後以相考合。若結繩之爲治。孔無明說。義或當然。說文云。文者。物象之本也。籍者。借也。借此簡書以記錄政事。故曰籍。蓋取諸夬。夬者。決也。言文籍所以決斷。宣揚王政。是以夬繇曰揚于王庭。繫辭云包犧氏之王天下。又云作結繩而爲罔罟。蓋取諸離。彼謂結罔罟之繩與結爲政之繩異也。若然。尚書緯及孝經讖皆云。三皇無文字。又班固馬融鄭玄王肅諸儒皆以爲文籍初自五帝。亦云三皇未有文字。與此說不同。何也。又蒼頡造書。出於世本。蒼頡豈伏犧時乎。且繫辭云。黄帝堯舜爲九事之目。末乃云。上古結繩而治。後世聖人易之以書契。是後世聖人。即黄帝堯舜。何得爲伏犧哉。孔何所據而更與繫辭相反。如此不同者。藝文志曰。仲尼沒而微言絶。七十子喪而大義乖。況遭秦焚書之後。羣言競出。其緯文鄙近。不出聖人。前賢共疑。有所不取。通人考正。僞起哀平。則孔君之時。未有此緯。何可引以爲難乎。其馬鄭諸儒以據文立說。見後世聖人在九事之科。便謂書起五帝。自所見有異亦不可難孔也。而繫辭云後世聖人在九事之下者。有以而然。案彼文先歷説伏犧神農。蓋取下乃云黄帝堯舜垂衣裳而天下治。蓋取諸乾坤。是黄帝堯舜之事也。又舟楫取渙。服牛取隨。重門取豫。臼杵取小過。弧矢取睽。此五者時無所繫。在黄帝堯舜時以否。皆可以通也。至於宫室葬與書契。皆先言上古。古者乃言後世聖人易之。則别起事之端。不指黄帝堯舜時。以此葬事云古者。不云上古。而云易之以棺槨。棺槨自殷湯而然。非是彼時之驗。則上古結繩何廢伏犧前也。其蒼頡則説者不同。故世本云蒼頡作書。司馬遷班固韋誕宋忠傅玄皆云蒼頡黄帝之史官也。崔瑗曹植蔡邕索靖皆直云古之王也。徐整云在神農黄帝之間。譙周云在炎帝之世。衛氏云當在庖犧蒼帝之世。慎到云在庖犧之前。張揖云蒼頡爲帝王。生於禪通之紀。廣雅曰。自開闢至獲麟。二百七十六萬歲。分爲十紀。則大率一紀二十七萬六千年。十紀者。九頭一也。五龍二也。攝提三也。合雒四也。連通五也。序命六也。循蜚七也。因提八也。

禪通九也。疏仡十也。如揖此言。則蒼頡在獲麟前二十七萬六千餘年。是說蒼頡其年代莫能有定。亦不可以難孔也。然紀自燧人而下。揖以爲自開闢而設。又伏犧前六紀。後三紀。亦爲據張揖慎到徐整等說。亦不可以年斷。其疏仡之紀。似自黄帝爲始耳。又依易緯通卦驗。燧人在伏犧前。表計寘其刻曰。蒼牙通靈昌之成。孔演命。明道經。鄭玄注云。刻。謂刻石而記識之。據此。伏犧前已有文字矣。又陰陽書。稱天老對黄帝云。鳳皇之象。首戴德。背負仁。頸荷義。膺抱信。足履政。尾繫武。又山海經云。鳳皇首文曰德。背文曰義。翼文曰順。膺文曰仁。腹文曰信。又易繫辭云。河出圖。洛出書。聖人則之。是文字與天地竝興焉。又韓詩外傳。稱古封太山禪梁甫者萬餘人。仲尼觀焉。不能盡識。又管子書。稱管仲對齊桓公曰。古之封太山者七十二家。夷吾所識。十二而已。首有無懷氏。封太山禪云云。其登封者皆刻石紀號。但遠者字有彫毁。故不可識。則夷吾所不識者六十家。又在無懷氏前。孔子覩而不識。又多於夷吾。是文字在伏犧之前。已自久遠。何怪伏犧而有書契乎。如此者。蓋文字在三皇之前。未用之教世。至伏犧乃用造書契以代結繩之政。是教世之用。猶燧人有火。中古用以燔黍捭豚。後聖乃修其利。相似。文字理本有之。用否隨世而漸也。若然。惟繫辭至神農。始有噬嗑與益。則伏犧時其卦未重。當無雜卦。而得有取諸夬者。此自鄭玄等說耳。案說卦曰。昔者聖人幽贊於神明而生蓍。繫辭曰。天生神物。聖人則之。則伏犧用蓍而筮矣。故鄭注說卦亦曰。昔者聖人。謂伏犧文王也。繫辭又曰。十有八變而成卦。是言爻皆三歸奇爲三變。十八變則六爻明矣。則筮皆六爻。伏犧有筮。則有六爻。何爲不重。而怪有夬卦乎。

伏犧神農黃帝之書。謂之三墳。言大道也。少昊顓頊高辛唐虞之書。謂之五典。言常道也。○少。詩照反。昊。胡老反。少昊。金天氏。名摯。字青陽。一曰玄囂。己姓。黃帝之子。母曰女節。以金德王。五帝之最先。顓。音專。頊。許玉反。顓頊。高陽氏。姬姓。黃帝之孫。昌意之子。母曰景僕。

謂之女樞。以水德王。五帝之二也。高辛。帝嚳也。姬姓。嚳。口毒反。母名不見。以木德王。五帝之三也。唐。帝堯也。姓伊耆氏。堯初爲唐侯。後爲天子。都陶。故號陶唐氏。帝嚳之子。帝摯之弟。母曰慶都。以火德王。五帝之四也。虞。帝舜也。姓姚氏。國號有虞。顓頊六世孫。瞽瞍之子。母曰握登。以土德王。五帝之五也。先儒解三皇五帝。與孔子同。並見發題。

疏 伏犧至常道也。○正義曰。墳。大也。以所論三皇之事。其道至大。故曰言大道也。以典者。常也。言五帝之道。可以百代常行。故曰言常道也。此三皇五帝。或舉德號。或舉地名。或直指其人。言及稱便。不爲義例。顧氏引帝王世紀云。神農母曰女登。有神龍首感女登而生炎帝。人身牛首。黃帝母曰附寶。見大電光繞北斗樞星。附寶感而懷孕。二十四月而生黃帝。日角龍顏。少昊金天氏。母曰女節。有星如虹下流。意感而生少昊。顓頊母曰景僕。昌意正妃。謂之女樞。有星貫月如虹。感女樞於幽房之宮而生顓頊。堯母曰慶都。觀河遇赤龍。晻然陰風。感而有孕。十四月而生堯。又云舜母曰握登。見大虹感而生舜。此言謂之三墳謂之五典者。因左傳有三墳五典之文。故指而謂之。然五帝之書皆謂之典。則虞書皋陶謨益稷之屬。亦應稱典。所以别立名者。若主論帝德。則以典爲名。其臣下所爲。隨義立稱。其三墳直云言大道也。五典直云言常道也。不訓墳典之名者。以墳大典常。常訓可知。故略之也。常道所以與大道爲異者。以帝者公平天下。其道可以常行。故以典言之。而皇優於帝。其道不但可常行而已。又更大於常。故言墳也。此爲對例耳。雖少有優劣。皆是大道。並可常行。故禮運云以大道之行爲五帝時也。然帝號同天。名所莫加。優而稱皇者。以皇是美大之名。言大於帝也。故後代措廟立主尊之曰皇。生者莫敢稱焉。而士庶祖父稱曰皇者。以取美名可以通稱故也。案左傳上有三墳五典。不言墳是三皇之書。典是五帝之書。孔知然者。案今堯典舜典。是二帝二典。推此二典而上。則五帝當五典。爲五帝之書。今三墳之書在五典之上。數與三皇相當。墳又大名。與皇義相類。故云三皇之書爲三墳。孔君必知三皇有書者。案周禮小史職掌三皇五帝之書。是其明文也。鄭玄亦云。其書卽三墳五典。但鄭玄以三皇無文。或據後錄定。孔君以爲書者記當時之事。不可以在後追錄。若當時無書。後代何以得知其道也。此亦孔君所據三皇有文字之驗耳。鄭玄注中候依運斗樞。以伏犧女媧神農爲三皇。又云五帝座。帝鴻金天高陽高辛唐虞氏。知不爾者。孔君既不依緯。不可以緯難之。又易興作之條。不見有女媧。何以輒數。又鄭玄云。女媧修伏犧之道。無改作。則已上修舊者衆。豈皆爲皇乎。既不數女媧。不可不取黃帝以充三皇耳。又鄭玄數五帝何以六人。或爲之說云。德協五帝座。不限多少。故六人亦名五帝。若六帝何有五座。而皇指大帝。所謂耀魄寶。止一而已。本自無三皇。何云三皇。豈可三皇數人。五帝數座。二文舛互。自相乖阻也。其諸儒說三皇。或數燧人。或數祝融。以配犧農者。其五帝皆自軒轅。不數少昊。斯亦非矣。何燧人說者以爲伏犧之前。據易曰帝出於震。震東方。其帝太昊。又云古者包犧氏之王天下也。言古者制作莫先於伏犧。何以燧人廁在

前乎。又祝融及顓頊以下。火官之號。金天已上。百官
之號。以其徵五經無云祝融爲皇者。縱有。不過如共
工氏。共工有水瑞。乃與犧農軒摯相類。尚云霸其九
州。祝融本無此瑞。何可數之乎。左傳曰。少昊之立。鳳
鳥適至。於月令又在秋享食。所謂白帝之室者也。何
爲獨非帝乎。故孔君以黄帝上數爲皇。少昊爲五帝
之首耳。若然。案今世本帝繫及大戴禮五帝德。幷家
語宰我問。太史公五帝本紀。皆以黄帝爲五帝。此乃
史籍明文。而孔君不從之者。孟軻曰。信書不如其無
書。吾於武成取二三策而已。言書以漸染之濫也。孟
軻已然。況後之説者乎。又帝繫本紀。家語五帝德皆
云少昊卽黄帝子青陽是也。顓頊黄帝孫。昌意子。帝
嚳高辛氏。爲黄帝曾孫。玄囂孫。僑極子。堯爲帝嚳子。
舜爲顓頊七世孫。此等之書。説五帝而以黄帝爲首
者。原由世本經於暴秦。爲儒者所亂。家語則王肅多
私定。大戴禮本紀出於世本。以此而同。蓋以少昊而
下。皆出黄帝。故不得不先説黄帝。因此謬爲五帝耳。
亦由繫辭以黄帝與堯舜同事。故儒者共數之焉。孔

君令者，意以月令春曰太昊。夏曰炎帝。中央曰黃帝。依次以爲三皇。又依繫辭先包犧氏王。沒。神農氏作。又沒。黃帝氏作。亦文相次。皆著作見於易。此三皇之明文也。月令秋曰少昊。冬曰顓頊。自此爲五帝。然黃帝是皇。今言帝不云皇者。以皇亦帝也。別其美名耳。太昊爲皇。月令亦曰其帝太昊。易曰帝出於震是也。又軒轅之稱黃帝。猶神農之云炎帝。神農於月令爲炎帝。不怪炎帝爲皇。何怪軒轅稱帝。而梁主云書起軒轅。同以燧人爲皇。其五帝自黃帝至堯而止。知帝不可以過五。故曰舜非三皇。亦非五帝。與三王爲四代而已。其言與詩之爲體。不雅則風。除皇巳下。不王則帝。何有非王非帝。以爲何人乎。典謨皆云帝曰。非帝如何。

至于夏商周之書。雖設敎不倫。雅誥奧義。其歸一揆。○夏禹天下號也。以金德王。三王之最先。商湯天下號。亦號殷。以水德王。三王之二也。周文王武王有天下號也。以木德王。三王之三也。誥，故報反。告也。示也。奧，烏報反。深也。揆，葵癸反。度也。【疏】至于至一揆。○正義曰。既皇書稱墳。帝書稱典。除皇與帝墳典之外。以次累陳。故言至于夏商周三代之書。雖復當時所設之教。與皇及帝墳典之等。不相倫類。要其言皆是雅正辭誥。有深奧之義。其所歸趣。與墳典一揆。明雖事異墳典。而理趣終同。故所以同入尚書。共爲世敎也。孔君之意。以墳典亦是尚書。故此因墳典而及三代。下云討論墳典。斷自唐虞以下。是墳典亦是尚書之內。而小史偏掌之者。以其遠代故也。此既言墳典。不依外文連類。解八索九丘。而言三代之書廁於其間者。孔意以墳典是尚書。丘索是尚書外物。欲先說尚書事訖。然後及其外物。故先言之也。夏商周之書。皆訓誥誓命之事。言設敎者。以此訓誥誓命。即爲敎而設。故云設敎也。言不倫者。倫類也。三代戰爭。不與皇帝等類。若然。五帝稱典。三王劣而不倫。不得稱典。則三代非典。不可常行。何以垂法乎。然三王世澆。不如上代。故隨事立名。雖篇不目典。理實是典。故曰雅誥奧義。其歸一揆。即爲典之謂也。然三王之書。惟無典謨。以外訓誥誓命歌貢征範。類猶有八。

獨言誥者。以別而言之。其類有八。文從要約。一誥兼焉何者。以此八事。皆有言以誥示。故摠謂之誥。又言奥義者。指其言謂之誥。論其理謂之義。故以義配焉。言其歸一揆。見三代自歸於一。亦與墳典爲一揆者。況喻之義。假譬人射。莫不皆發志揆度於的。猶如聖人立教。亦同揆度於至理。故云一揆。**是故歷代寶之以爲大訓。**疏 正義曰。顧命云。越玉五重。陳寶即以赤刀大訓在西序。是寶之以爲大訓之文。彼注以典謨爲之。與此相當。要六藝皆是。此直爲書者指而言之。故彼注亦然也。彼直周時寶之。此知歷代者。以墳典久遠。周尚寶之。前代可知。故言歷代耳。**八卦之說謂之八索求其義也九州之志謂之九丘丘聚也言九州所有土地所生風氣所宜皆聚此書也。**○八索。所白反。下同。求也。徐音素。本或作素。疏 八卦至此書也○正義曰。以墳典因外文而知其丘索與墳典文連。故連而說之。故揔引傳文以充足已意。且爲於下見與墳典俱被黜削。故說而以爲首引。言爲論八卦事義之說者。其書謂之八索。其論九州之事所有志記者。其書謂之九丘。所以名丘者。以丘聚也。言於九州當有土地所生之物風氣所宜之事。莫不皆聚見於此書。故謂之九丘焉。然八卦言之說九州言之志不同者。以八卦交互相說其理。九州當州有所志識。以此而不同。此索謂求索。亦爲搜索。以易八卦爲主。故易曰。八卦成列。象在其中矣。因而重之。爻在其中矣。又曰。八卦相盪。是六十四卦。三百八十四爻。皆出於八卦。就八卦而求其理。則萬有一千五百二十策。天下之事得。故謂之索。非一索再索而已。此索於左傳亦或謂之索。說有不同。皆後人失其眞理。妄穿鑿耳。其九丘取名於聚。義多如山丘故爲聚。左傳或謂之九區。得爲說當九州之區域。義亦通也。又言九州所有。此一句與下爲揔。卽土地所生風氣所宜是所有也。言土地所生。卽其動物植物。大率土之所生。不出此二者。又云風氣所宜者。亦與土地所生大同。何者。以九州各有土地。有生與不生。由風氣所宜與不宜。此亦職方禹貢之類。別而言之。土地所生。若禹貢之厥貢厥篚也。風氣所宜。若職方其畜宜若干。其民若干男若干女。是也。上墳典及索。不別訓之。以可知故略之。丘訓既難。又須別言九州所宜已下。故先訓之。於下結義。故云皆聚此書也。

春秋左氏傳曰。楚左史倚相能讀三墳五典八索九丘。即謂上世帝王遺書也。

○左史。史官左右。倚。於綺反。劉琴綺反。相。息亮反。倚相。楚靈王時史官也。

[疏]春秋至書也。○正義曰。以上因有外文言墳典丘索而謂之。故引成文以證結之。此昭十二年左傳。楚靈王見倚相趨過。告右尹子革。以此辭知倚相是其名字。蓋爲太史而主記左動之事。謂之左史。不然。或楚俗與諸國不同。官多以左右爲名。或別有此左史乎。彼子革答王云。倚相。臣問祈招之詩而不知。若問遠焉。其焉能知之。彼以爲倚相不能讀之。此云能者。以此據左傳成文。因王言而引之。假不能讀。事亦無妨。況子革欲

開諫王之路。倚相未必不能讀也。言此墳典丘索卽此書。是謂上世帝王遺餘之書也。以楚王論。時巳在三王之末。故云遺書。其丘索知是前事。亦不知在何代。故直揔言帝王耳。

先君孔子生於周末。覩史籍之煩文。懼覽之者不一。遂乃定禮樂。明舊章。刪詩爲三百篇。約史記而修春秋。讚易道以黜八索。述職方以除九丘。

○刪，色姦反。

[疏]先君至九丘。○正義曰。旣結申帝王遺書。欲言孔子就而刊定。孔子世家云。安國是孔子十一世孫。而上尊先祖。故曰先君。穀梁以爲魯襄公二十一年冬十一月庚子孔子生。左傳哀公十六年夏四月巳丑孔子卒。計以周靈王時生。敬王時卒。故爲周末。上云文籍。下云滅先代典籍。此言史籍。籍者古書之大名。由文而有籍。謂之文籍。因史所書。謂之史籍。可以爲常。故曰典籍。義亦相通也。但上因書契而言文。下傷秦滅道以稱典。於此言史者。不但義通

上下。又以此史籍。不必是先王正史。是後代好事者
作。以此懼其不一。故曰蓋有不知而作之者。我無是
也。先言定禮樂者。欲明孔子欲反於聖道以歸於一。
故先言其舊行可從者。修而不改曰定。就而減削曰
刪。準依其事曰約。因而佐成曰贊。顯而明之曰述。各
從義理而言。獨禮樂不改者。以禮樂聖人制作。已無
貴位。故因而定之。又云明舊章者。即禮樂詩易春秋
是也。以易道職方與黜八索除九丘相對。其約史記
以刪詩書爲偶。其定禮樂文孤。故以明舊章配之。作
文之體也。易亦是聖人所作。不言定者。以易非如禮
樂人之行事。不須云定。又因而爲作十翼。故云贊耳。
易文在下者。亦爲黜八索與除九丘相近故也。爲文
之便。不爲義例。孔子之修六藝年月。孔無明說。論語
曰。吾自衛反魯。然後樂正。雅頌各得其所。則孔子以
魯哀公十一年反魯爲大夫。十二年孟子卒。孔子弔。
則致仕時年七十以後修述也。詩有序三百一十一
篇。全者三百五篇。云三百者。亦舉全數。計職方在周
禮夏官。亦武帝時出於山巖屋壁。即藏祕府。世人莫

見。以孔君爲武帝博士。於祕府而見爲。知必黜八索除九丘者。以三墳五典本有八。今序只有二典而已。其三典三墳。今乃寂寞。明其除去。既墳典書內之正尚有去者。況書外乎。故知丘索亦黜除也。黜與除其義一也。黜退不用而除去之。必云贊易道以黜者。以不有所與。孰有所廢故也。職方。即周禮也。上已云定禮樂。即職方在其內。別云述之。以爲除九丘。舉其類者以言之。則云述者以定而不改。即是遵述。更有書以述之。

討論墳典。斷自唐虞以下。訖于周。芟夷煩亂。翦截浮辭。舉其宏綱。撮其機要。足以垂世立教。典謨訓誥誓命之文凡百篇。○斷。丁亂反。訖。居乙反。又許乙反。芟。色咸反。翦。咨淺反。撮。七活反。機。本又作幾。典凡十五篇。正典二。攝十三。十一篇亡。謨。莫胡反。凡三篇。正二。攝一。訓凡十六篇。正二。二篇亡。攝十四。三篇亡。誥凡三十八篇。正八。攝三十。十八篇亡。誓。市制反。凡十篇。正八。攝二。一篇亡。命凡十八篇。正十二。三篇亡。刪六。四篇亡。【疏】討論至百篇。○正義曰。言孔子既懼覽之者不一。不但刪詩約史定禮贊易。有所黜除而已。又討整論理此三墳五典。并三代之書也。論語曰。世叔討論之。鄭以討論爲整理。孔君既取彼文。義亦當然。以書是亂物。故就而整理之。若然。墳典周公制禮。使小史掌之。而孔子除之者。蓋隨世不同亦可。孔子之時。墳典已雜亂。故因去之。左傳曰。芟夷蘊崇之。又曰俘翦惟命。詩曰。海外有截。此孔君所取之文也。芟夷者。據全代。全篇。似草隨次。皆芟使平夷。若自帝嚳已上。三典三墳。是芟夷之文。自夏至周。雖有所留。全篇去之而多者。即芟夷也。翦截者。就代就篇。辭有浮者。翦截而去之。去而少者。爲翦截也。舉其宏綱。即上芟夷煩亂也。撮其機要。即上翦截浮辭也。且宏綱云舉。是據篇代大者言之。機要云撮。爲就篇代之内而撮出之耳。宏。大也。綱者。網之索。舉大綱。則衆目隨之。機者。機關。撮取其機關之要者。斷自唐虞以下者。孔無明說。書緯以爲帝嚳以上。朴略難傳。唐虞已來。煥炳可法。又禪讓之首。至周五代一意故耳。孔義或然。典。即堯典舜典。謨。即大禹謨皋陶謨。訓。即伊訓。高宗之訓。誥。即湯誥大誥。誓。即甘誓湯誓。命。即畢命顧命之等。是也。說者以書體例有十。此六者之外。尚有征貢歌範四者。并之則十矣。若益稷盤庚單言附於十事之例。今孔不言者。不但舉其機約。亦自征貢歌範。非君出言之名。六者可以兼之。此云凡百篇。據序而數故耳。或云百二篇者。誤有所由。以前漢之時。有東萊張霸。僞造尚書百兩篇。而爲緯者附之。因此鄭云異者。其在大司徒大僕正乎。此事爲不經也。鄭作書論。依尚書緯云。孔子求書。得黄帝玄孫帝魁之書。迄於秦穆公。凡三千二百四十篇。斷遠取近。定可以爲世法者。百二十篇。以百二篇爲尚書。十八篇爲中候。以爲去三千一百二十篇。以上取黄帝玄孫以爲不可依用。今所考覈尚書。首自舜之末年以禪於禹。上錄舜之得用之事。由堯以爲堯典。下取舜禪之後。以爲舜讓得人。故史體例別。而不必君言。若禹貢全非君言。而禹身事。受禪之後。無入夏書之言。是舜史自錄成一法。後代因之耳。所以恢弘至道。示人主以軌範也。帝王之制。坦然明白。可舉而行。三千之徒。並受其義。○恢。苦回反。大也。坦。土管反。【疏】所以至其義。○正義曰。此論孔子正理羣經已畢。揔而結之。故爲此言。家語及史記皆云孔子弟子三千人。故云三千之徒也。及秦始皇滅先代典籍。焚書坑儒。學士逃難解散。我先人用藏其家書于屋壁。○始皇名政。二十六年初幷六國。自號始皇帝。焚書詩在始皇之三十四年。坑儒在三十五年。坑。苦庚反。難。乃旦反。解。音蟹。【疏】及秦至屋壁。○正義曰。言孔子既定此書後。雖曰明白。反遭秦始皇滅除之。依秦本紀云。秦王政二十六年。平定天下。尊爲皇帝。不復立謚。以爲初幷天下。故號始皇。爲滅先代典籍。故云。坑儒焚書。以即位三十四年。因置酒於咸陽宮。丞相李斯奏請天下敢有藏詩書百家語者。悉詣守尉雜燒之。有敢偶語詩書者棄市。令下三十日不燒。黥爲城旦。制曰可。是焚書也。三十五年。始皇以方士盧生求仙藥不得。以爲誹謗。諸生連相告引。四百六十餘人。皆坑之咸陽。是坑儒也。又衛宏古文奇字序云。秦改古文以爲篆隸。國人多誹謗。秦患天下不從而召諸生。至者皆拜爲郎。凡七百人。又密令冬月種瓜於驪山硎谷之中溫處。瓜實。乃使人上書曰。瓜冬有實。有詔天下博士諸生說之。人人各異。則皆使往視之。而爲伏機。諸生方相論難。因發機從上塡之以土。皆終命也。我先人用藏其家書于屋壁者。史記孔子世家云。孔子生鯉。字伯魚。魚生伋。字子思。思生白。字子上。上生求。字子家。家生箕。字子京。京生穿。字子高。高生愼。愼爲魏相。愼生鮒。鮒爲陳涉博士。鮒弟子襄。爲惠帝博士長沙太守。襄生中。中生武。武生延陵及安國。爲武帝博士臨淮太守。家語序云。子襄以秦法峻急。壁中藏其家書。是安國祖藏之。

漢室龍興。開設學校。旁求儒雅。以闡大猷。濟南伏生年過九十。失其本經。口以傳。授。裁二十餘篇。以其上古之書謂之尚書。百篇之義世莫得聞。○校。戶教反。詩箋云。鄭國謂學爲校。闡。尺善反。大也。明也。濟。子禮反。郡名也。伏生名勝。過。古臥反。後同。傳。直戀反。下傳之同。二十餘篇。卽馬鄭所註。二十九篇也。疏漢室至得聞。○正義曰。將言所藏之書得之所由。故本之也。言龍興者。以易龍能變化。故比之聖人。九五飛龍在天。猶聖人在天子之位。故謂之龍興也。言學校者。校。學之一名也。故鄭詩序云。子衿刺學校廢。左傳云。然明請毀鄉校是也。漢書云。惠帝除挾書之律。立學興教。招聘名士。文景以後。儒者更衆。至武帝尤甚。故云旁求儒雅。詩小雅曰。匪先民是程。匪大猷是經。彼註云。猷。道也。大道。卽先王六籍是也。伏生。名勝。爲秦二世博士。儒林傳云。孝文帝時。求能治尚書者。天下無有。聞伏生治之。欲召。時伏生年已九十有餘。老不能行。於是詔太常使掌故鼂錯往受之。得二十九篇。卽以教於齊魯之間。是年過九十也。案史記。秦時焚書。伏生壁藏之。其後兵大起。流亡。漢定天下。伏生求其書。亡數十篇。獨得二十九篇。以教于齊魯之間。則伏生壁內得二十九篇。而云失其本經口以傳授者。蓋伏生初實壁內得之以教齊魯。傳教既久。誦文則熟。至其末年。因其習誦。或亦目暗。至年九十。鼂錯往受之時。不執經而口授之故也。又言裁二十餘篇者。意在傷亡爲少之文勢。何者。以數法隨所近而言之。若欲多之當云得三十篇。今裁二十餘篇。言裁。亦意以爲少之辭。又二十九篇自是計卷。若計篇則三十四。去泰誓。猶有三十一。案史記及儒林傳皆云伏生獨得二十九篇以教齊魯。則今之泰誓。非初伏生所得。案馬融云泰誓後得。鄭玄書論亦云民間得泰誓。别録曰武帝末。民有得泰誓書於壁內者獻之。與博士使讀說之數月。皆起傳以教人。則泰誓非伏生所傳。而言二十九篇者。以司馬遷在武帝之世。見泰誓出而得行。入於伏生所傳內。故爲史摠之。并云伏生所出。不復曲别分析。云民間所得。其實得時不與伏生所傳同也。但伏生雖無此一篇。而書傳有八百諸侯俱至孟津。白魚入舟之事。與泰誓事同。不知爲伏生先爲此說。不知爲是泰誓出後。後人加增此語。案王充論衡及後漢史。獻帝建安十四年。黄門侍郎房宏等說云。宣帝本始元年。河内女子有壞老子屋。得古文泰誓三篇。論衡又云以掘地所得者。今史漢書皆云伏生傳二十九篇。則司馬遷時。已得泰誓以并歸於伏生。不得云宣帝時始出也。則云宣帝時女子所得亦不可信。或者爾時重得之。故於後亦據而言之。史記云伏生得二十九篇。武帝記。載今文泰誓末篇。由此劉向之作别録。班固爲儒林傳不分明。因同於史記。而劉向云武帝末得之。泰誓理當是一。而古今文不同者。即馬融所云吾見書傳多矣。凡諸所引。今之泰誓皆無此言。而古文皆有。則古文爲眞。亦復何疑。但此先有張霸之徒。僞造泰誓以藏壁中。故後得而惑世也。亦可。今之泰誓。百篇之外。若周書之例。以於時實有觀兵之誓。但不録入尚書。故古文泰誓曰。皇天震怒。命我文考。肅將天威。大勳未集。肆予小子發。以爾友邦冢君。觀政於商是也。又云以其上古之書。謂之尚書者。此文繼在伏生之下。則言以其上古之書謂之尚書。此伏生意也。若以伏生指解尚書之名。名已先有。有則當云名之尚書。既言以其上古之書。今先云以其。則伏生意之所加。則知尚字乃伏生所加也。以尚解上。則尚訓爲上。上者下所慕尚。故義得爲通也。孔君既陳伏生此義。於下更無是非。明卽用伏生之說。故書此而論之。馬融雖不見孔君此說。理自然同。故曰上古有虞氏之書故曰尚書是也。王肅曰。上所言。史所書。故曰尚書。鄭氏云。尚書。上也。尊而重之。若天書然。故曰尚書。二家以尚與書相將。則上名不正出於伏生。鄭玄依書緯。以尚字是孔子所加。故書贊曰。孔子乃尊而命之曰尚書。璿璣鈐云。因而謂之書。加尚以尊之。又曰。書務以天言之。鄭玄溺於書緯之說。何有人言而須繫之於天乎。且孔君親見伏生不容不悉。自云伏生以其上古之書謂之尚書。何云孔子加也。王肅曰。上所言。史所書。則尚字與書俱有無先後。既直云尚。何以明上之所言。書者以筆畫記之辭。羣書皆是。何知書要責史所爲也。此其不若前儒之說密耳。云上古者。亦無指定之目。自伏生言之則於漢世仰遵前代。自周已上皆是。馬融云有虞氏爲書之初耳。若易歷三世。則伏犧爲上古。文王爲中古。孔子爲下古。禮運鄭玄以先王食腥。與易上古結繩同時爲上古。神農爲中古。五帝爲下古。其不相對則無例耳。且太之與上。爲義不異。禮以唐虞爲太古。以下有三代。冠而推之爲然。是爲不定。則但今世已上。仰之已古。便爲上古耳。以書是本名。尚是伏生所加。故諸引書。直云書曰。若有配代而言。則曰夏書。無言尚書者。

至魯共王好治宮室。壞孔子舊宅。以廣其居。於壁中得先人所藏古文虞夏商周之書。及傳論語孝經。皆科斗文字。王又升孔子堂。聞金石絲竹之音。乃不壞宅。○共音恭。亦作龔。又作恭。共王漢景帝之子。名餘。好呼報反。下好古同。壞音怪。下同。字林作𣪠。云公壞反。毀也。傳。謂春秋也。一云周易十翼。非經謂之傳。論。如字。又音倫。科。苦禾反。科斗。蟲名。蝦蟆子。書形似之。【疏】至魯至壞宅○正義曰。欲云得百篇之由。故序其事。漢景帝之子名餘。封於魯爲王。死謚曰共。存日以居於魯。近孔子宅。好治宮室。故欲裒益。乃壞孔子舊宅以增廣其居。於所壞壁內。得安國先人所藏古文虞夏商周之書。及傳論語孝經。皆是科斗文字。王雖得此書。猶壞不止。又升孔子廟堂聞金鐘石磬絲琴竹管之音。以懼其神異。乃止。不復敢壞宅也。上言藏家書於屋壁。此亦屋壁內得書也。亦得及傳論語孝經等。不從約云得尚書。而煩文言虞夏商周之書者。以壁內所得。上有題目虞夏商周書。其序直云書序。皆無尚字。故其目錄亦然。故不云尚書而言虞夏商周之書。安國亦以此知尚字是伏生所加。推此壁內所無。則書本無尚字明矣。凡書。非經則謂之傳。言及傳論語孝經。正謂論語孝經是傳也。漢武帝謂東方朔云。傳曰。時然後言。人不厭其言。又漢東平王劉雲與其太師策書云。傳曰。陳力就列。不能者止。又成帝賜翟方進策書云。傳曰。高而不危。

所以長守貴也。是漢世通謂論語孝經爲傳也。以論語孝經非先王之書。是孔子所傳說。故謂之傳。所以異於先王之書也。上已云壞孔子舊宅。又云乃不壞宅者。初王意欲壞之。已壞其屋壁。聞八音之聲乃止。餘者不壞。明知已壞者亦不敢居。故云乃不壞宅耳。

悉以書還孔氏。科斗書廢已久。時人無能知者。以所聞伏生之書考論文義。定其可知者。爲隸古定。更以竹簡寫之。增多伏生二十五篇。伏生又以舜典合於堯典。益稷合於皐陶謨。盤庚三篇合爲一。康王之誥合於顧命。復出此篇幷序。凡五十九篇。爲四十六卷。其餘錯亂摩滅。弗可復知。悉上送官藏之書府。以待能者。○隸音麗。謂可隸書寫古文。二十五篇。謂虞書。大禹謨。夏書。五子之歌。胤征。商書。仲虺之誥。湯誥。伊訓。太甲三篇。咸有一德。說命三篇。周書。泰誓三篇。武成。旅獒。微子之命。蔡仲之命。周官。君陳。畢命。君牙。冏命。合。舊音閤。又如字。下同。皐音高。本又作咎。陶音遥。本又作繇。盤步干反。本又作般。復扶又反。下同。五十九篇。即今所行五十八篇。其一是百篇之序。謂虞書。汩作。九共九篇。槀飫。夏書。帝告。釐沃。湯征。汝鳩。汝方。商書。夏社。疑至。臣扈。典寶。明居。肆命。徂后。沃丁。咸乂四篇。伊陟。原命。仲丁。河亶甲。祖乙。高宗之訓。周書。分器。旅巢命。歸禾。嘉禾。成王政。將蒲姑。賄肅慎之命。亳姑。凡四十二篇亡。上時掌反。

［疏］悉以至能者　正義曰。既云王不壞宅。以懼神靈。因還其書。已前所得。言悉以書還孔氏。則上傳論語孝經等皆還之。故言悉也。科斗書。古文也。所謂蒼頡本體。周所用之。以今所不識。是古人所爲。故名古文。形多頭麤尾細。狀腹團圓。似水蟲之科斗。故曰科斗也。以古文經秦不用。故云廢已久矣。時人無能知識者。孔君以人無能知識之。故已欲傳之。故以所聞伏生之書。比校

起發。考論古文之義。考文而云義者。以上下事義。推考其文。故云義也。定其可知者。就古文內。定可知識者爲隸古定。不言就伏生之書而云以其所聞者。明用伏生書外亦考之。故云可知者。謂並伏生書外有可知。不徒伏生書內而已。言隸古者。正謂就古文體而從隸定之。存古爲可慕。以隸爲可識。故曰隸古。以雖隸而猶古。由此。故謂孔君所傳爲古文也。古文者。蒼頡舊體。周世所用之文字。案班固漢志及許氏說文。書本有六體。一曰指事。上下。二曰象形。日月。三曰形聲。江河。四曰會意。武信。五曰轉注。考老。六曰假借。令長。此造字之本也。自蒼頡以至今。字體雖變。此本皆同。古今不易也。自蒼頡以至周宣。皆蒼頡之體。未聞其異。宣王紀。其史籀始有大篆十五篇。號曰篆籀。惟篆與蒼頡二體而已。衛恆曰。蒼頡造書。觀於鳥跡。因而遂滋。則謂之字。字有六義。其文至於三代不改。及秦用篆書。焚燒先代典籍。古文絶矣。許慎說文言自秦有八體。一曰大篆。二曰小篆。三曰刻符。四曰蟲書。五曰摹印。六曰署書。七曰殳書。八曰隸書。亡新居攝。以應制作。改定古文。使甄豐校定時。有六書。一曰古文。孔子壁内書也。二曰奇字。即古字有異者。三曰篆書。即小篆。下杜人程邈所作也。四曰佐書。秦隸書也。五曰繆篆。所以摹印也。六曰鳥蟲書。所以書幡信也。由此而論。即秦罷古文而有八體。非古文矣。以至亡新六書。并八體。亦用書之六體以造其字。其亡新六書。於秦八體。用其小篆蟲書摹印隸書。去其大篆刻符殳書署書。而加以古文與奇字。其刻符及署書。蓋同摹印。殳書同於繆篆。大篆正古文之別。以慕古故。乃用古文與奇字。而不用大篆也。是孔子壁内古文。即蒼頡之體。故鄭玄云。書初出屋壁。皆周時象形文字。今所謂科斗書。以形言之爲科斗。指體即周之古文。鄭玄知者。若於周時秦世所有。至漢猶當識之。不得云無能知者。又亡新古文亦云。即孔氏壁内古文。是其證也。或以古文即大篆。非也。何者。八體六書。自大篆與古文不同。又秦有大篆。若大篆是古文。不得云古文遂絶。以此知大篆非古文也。六書古文與蟲書本別。則蟲書非科斗書也。鄭玄云。周之象形文字者。揔指六書象科斗之形。不謂六書之內。一曰象形也。又云更以竹簡寫之。明留其壁內之本也。顧氏云。策長二尺四寸。簡長一尺二寸。增多伏生二十五篇者。以壁內古文篇題殊別。故知以舜典合於堯典。益稷合於皋陶謨。伏生之本。亦壁內古文。而合之者。蓋以老而口授之時。因誦而連之。故殊耳。其盤庚本當同卷。故有并也。康王之誥。以一時之事連誦而同卷。當以王出在應門之內爲篇首。及以王若曰庶邦亦誤矣。以伏生本二十八篇。盤庚出二篇。加舜典益稷康王之誥凡五篇爲三十三篇。加所增二十五篇爲五十八。加序一篇爲五十九。故云復出此篇并序凡五十九篇。此云爲四十六卷者。謂除序也。下云定五十八篇既畢。不更云卷數。明四十六卷故爾。又伏生二十九卷而序在外。故知然矣。此云四十六卷者。不見安國明說。蓋以同序者同卷。異序者異卷。故五十八篇爲四十六卷。何者。五十八篇內。有太甲。盤庚。說命。泰誓。皆三篇共卷。減其八。又大禹謨。皋陶謨。益稷。又三篇同序共卷。其康誥。酒誥。梓材亦三篇同序共卷。則又減四。通前十二。以五十八減十二。非四十六卷而何。其康王之誥。乃與顧命别卷。以别序故也。其餘錯亂摩滅。五十八篇外。四十二篇也。以不可復知。亦上送官。其可知者。已用竹簡寫得其本。亦俱送入府。故在秘府得有古文也。以後生可畏。或賢聖間出。故須藏之。以待能整理讀之者。

承詔爲五十九篇作傳。於是遂研精覃思。博考經籍。採摭羣言。以立訓傳。約文申義。敷暢厥旨。庶幾有補於將來。

○爲。于僞反。覃。徒南反。深也。思。息嗣反。採。本又作采。摭。之石反。一音之若反。敷。芳夫反。暢。丑亮反。

疏

承詔至將來○正義曰。安國時爲武帝博士。孔君考正古文之日。帝之所知。亦既定訖。當以聞於帝。帝令注解。故云承詔爲五十九篇作傳。以注者多言曰傳。傳者。傳通故也。以傳名。出自丘明。賓牟賈對孔子曰。史失其傳。又喪服。儒者皆云子夏作傳。是傳名久矣。但大率秦漢之際。多名爲傳。於後儒者以其傳多。或有改之別云注解者。仍有同者。以當時之意耳。說者爲例云。前漢稱傳。於後皆稱注。誤矣。何者。馬融王肅亦稱注名爲傳。傳何有例乎。以聖道弘深。當須詳悉。於是研覈精審。覃靜思慮。以求其理。冀免乖違。既顧察經文。又取證於外。故須廣博推考羣經六籍。又捃拾採摭羣書之言。以此文證。造立訓解。爲之作傳。明不率爾。雖復廣證。亦不煩多。爲傳直約省文。令得中盡其義。明文要義通。不假煩多也。以此得申。故能徧布通暢書之旨意。是辭達而已。不求於煩。既義暢而文要。則觀者曉悟。故云庶幾有所補益於將來。讀之者得悟而有益也。敷。布也。厥。其也。庶。幸也。幾。冀也。爾雅有訓。既云經籍。又稱羣言者。經籍。五經是也。羣言。子史是也。以書與經籍理相因通。故云博考。子史時有所須。故云採摭耳。案孔君此傳。辭旨不多。是約文也。要文無不解。是申義也。其義既申。故云敷暢其義之旨趣耳。考其此注。不但言少。書之爲言。多須詁訓。而孔君爲例。一訓之後。重訓者少。此亦約文也。

書序。序所以爲作者之意。昭

然義見。宜相附近。故引之名冠其篇首。定五十八篇。既畢。會國有巫蠱事。經籍道息。用不復以聞。傳之子孫。以貽後代。若好古博雅君子。與我同志。亦所不隱也。○爲。于僞反。又如字。見。賢遍反。冠。工亂反。巫蠱。漢武帝末征和中。江充造蠱。敗戾太子。故經籍道息焉。巫音無。蠱音古。貽。以之反。

[疏]書序至隱也。○正義曰。孔君既言已立傳之意。又當斟酌所宜。而書序雖名爲序。不是揔陳書意汎論。乃篇篇各序作意。但作序者不敢廁於正經。故謙而聚於下。而注述者不可代作者之謙。須從利益而欲分之。從便云序。序所以當篇爲作此書之意。則是當篇作意。觀序而昭然意義顯見。既義見由序。宜各與其本篇相從附近。不宜聚於一處。故每篇引而分之。各冠加於篇首。令意昭見。序既分散。損其一篇。故定五十八篇。然此本承詔而作。作畢。當以上奏聞知。但會値國家有巫蠱

之事。好愛經籍之道滅息。假奏亦不能行。用爲此之故。不復以此傳奏聞。亦以既傳成不得聞上。惟自傳於已之子孫。以遺與後世之人使行之。亦不敢望後世必行。故云若後世有好愛古道。廣博學問。志懷雅正。如此之君子。冀能與我同於慕古之志。以行我道。我道得此人流行。亦所以傳不隱蔽。是弘道由人也。言巫蠱者。王制曰執左道以亂政者殺。鄭玄註云左道。謂巫蠱之屬。以非正道。故謂之左道。以蠱皆巫之所行。故云巫蠱。蠱者。總名。左傳云。惑蠱其君。則蠱者怪惑之名。指體則藥毒害人者是。若行符厭俗之爲魅。令人蠱惑夭年傷性。皆是也。依漢書。此時武帝末年。上已年老。淫惑鬼神。崇信巫術。由此姦人江充。因而行詐。先於太子宮埋桐人。告上云。太子宮有蠱氣。上信之。使江充治之。於太子宮果得桐人。太子知已不爲此。以江充故爲陷已。因而殺之。而帝不知太子實心。謂江充言爲實。卽詔丞相劉屈氂發三輔兵討之。太子釋長安因與鬬。不勝而出走奔湖。遂自殺。此卽巫蠱事也。言不隱者。不謂恐隱藏已道。以已道人所不知。懼其幽隱。人能行之使顯。爲不隱蔽耳。易曰謙謙君子。仁者好謙。而孔君自作揄揚。云君子知己者。亦意在教世。欲令人覩此言。知己傳是深遠。因而有所曉寤。令之有益。故不可以苟謙也。亦猶孔子曰。何有於我哉。

尚書註疏卷第一

尚書注疏彙校卷一

尚書正義序

一葉五行　古之王者事揔萬機。「王」，十作「王」，阮作「正」。「揔」，單、八作「總」，魏、毛、殿、庫作「總」。「機」，殿作「幾」，庫作「幾」。○阮元《校記甲》：古之王者。「王」，十行本誤作「正」。○阮元《校記乙》：古之正者。案：「正」當作「王」。

一葉八行　榮辱之主。「主」，阮作「生」。

一葉九行　欲其昭法誡。○浦鏜《正字》：欲其昭法誡。「法」，監本誤「去」。○阮元《校記甲》：欲其昭法誡。「法」，監本誤作「去」。○《定本校記》：欲其昭法誡。「誡」，〔足利〕八行本誤作「誠」。

一葉十四行　書揔百篇。「揔」，單、八作「總」，殿、庫作「總」。

一葉十四行　拔犀象之牙角。「拔」，魏作「抜」，殿作「拔」。

一葉十七行　儒雅與深穽同埋。「穽」，魏作「穽」。○《定本校記》：儒雅與深穽同埋。

「與」，〔足利〕八行本誤作「興」。

二葉二行　古文則兩漢亦所不行。安國註之。寔遭巫蠱。　「行」，魏作「安」。「寔」，要、殿、庫作「實」。

二葉三行　遂寢而不用。　「寢」，要作「寑」。

二葉五行　但古文經雖然早出。　「但」，八作「伹」。

二葉六行　其義弘而雅。　「弘」，庫作「宏」。

二葉七行　近至隋初。始流河朔。　「近至隋初」，要作「隋初古文」。

二葉七行　其爲正義者。　「其」下平無「爲」字。○《定本校記》：其爲正義者。「正」，疑當作「疏」。

二葉九行　多或因循怗釋註文。　「怗」，要作「帖」。○浦鏜《正字》：怗釋註文。「怗」，疑「詁」字誤。○阮元《校記甲》：怗釋注文。浦鏜云：「怗」疑「詁」字誤。按：「怗」，疑「帖」字誤。阮元《校記乙》同。

二葉十行　穿鑿孔穴。　「穿」，單、八作「穴」。「穴」，單、八、十作「宂」。○《定本校記》：穿鑿孔穴。「穿」，單疏本誤作「穴」。

二葉十行　詭其新見。　永無「新」下「見」至「四門博士」二百五十四字，當十行本第三版一版。

二葉十三行　震驚飆於靜樹。　「飆」，單、八作「猋」，魏作「飇」。「樹」，十作「樹」。

二葉十五行　義更太略。　「太」，單作「大」。

二葉十六行　乃非開奬之路。　「開」，平、要作「開」。

二葉十七行　欲使後生若爲領袖。　「袖」，平、要作「袖」。

三葉二行　必據舊聞。　「舊」，十作「舊」。

三葉三行　謹共銓敘。　「銓」，十作「詮」。○殿本《考證》：謹共銓敘。「銓」字疑應作「詮」。○《薈要》案語：謹共銓敘。「銓」字疑應作「詮」。○阮元《校記甲》：謹共銓敘。

按：「銓」應作「詮」。阮元《校記乙》同。

三葉三行　至十六年又奉勑與前修疏人。　「十」上要無「至」字。「修」，庫作「脩」。

三葉五行　及通直郎行四門博士驍騎尉臣朱長才。　「長才」，八作「才于」。

三葉九行　覆更詳審。爲之正義。　「爲」下要無「之」字。

尚書序

一葉五行　尚書序　○阮元《校記甲》：尚書序。足利古本作「古文尚書序」。阮元《校記乙》同。

一葉五行釋文　釋文此孔氏所作。「此」上王、平無「釋文」二字。

一葉六行疏　則凡諸經史。「凡」，毛作「几」。

一葉九行疏　則書寫其言如其意。「書」下單、八、魏、平、十、永、毛、阮有「者」字。○浦鏜《正字》：則書者寫其言。監本脱「者」字。○阮元《校記甲》：則書者寫其言。閩、監俱脱「者」字。

一葉九行疏　又劉熙釋名云。「劉」下平無「熙」字。

一葉十二行疏　但諸部之書。「但」，單作「伹」。

一葉十三行疏　故百氏六經。揔曰書也。「揔」，單、八作「緫」，十作「惣」，毛、殿、庫作「總」。

一葉十三行疏　論識所謂題意别名。○浦鏜《正字》：論識所謂云云。「論識」謂「論語識」。

一葉十四行疏　此揔名書也。「揔」，單、八作「緫」，毛、殿、庫作「總」。

一葉十四行疏　序者。言序述尚書起存亡註説之由。「起」下單、八、魏、平、毛有「記」字，殿、庫有「訖」字。○浦鏜《正字》：言序述尚書起記。「記」，疑「訖」字誤，監本無此字。○

盧文弨《拾補》：言序述尚書起訖。毛本「訖」作「記」。「記」當作「訖」。○阮元《校記甲》：言序述尚書起記。十行、閩、監俱無「記」字。浦鏜云：「記」，疑「訖」字誤。按：浦是也。○阮元《校記乙》：言序述尚書起。閩本、明監本同。宋本「起」下有「記」字。浦鏜云：「記」，疑「訖」字誤。按：「訖」字是也。○《定本校記》：序者，言序述尚書起記存亡註説之由。「記」字十行本無。殿本、浦氏改作「訖」。

一葉十五行疏　使理相胤續。若繭之抽緒。　「續」下八重一「續」字。○山井鼎《考文》：使理相胤續，若繭之抽緒。宋板「續」下復有「續」字。○阮元《校記甲》：使理相允續，若繭之抽緒。宋板重「續」字。盧文弨云：似可不必。○《定本校記》：若繭之抽緒。「若」上〔足利〕八行本衍「續」字。

一葉十五行疏　但易有序卦。　「但」，單、八作「伹」。

一葉十七行疏　明以註解故也。　○《定本校記》：明以注解故也。案：詩譜序正義云：易有序卦，書有孔子作序，故鄭避之，謂之爲贊。贊，明也，明己爲注之意。疑此「以」字亦當作「己」，形近之譌。

一葉十七行疏　故巳之摠述。　「摠」，單、八作「緫」，毛、殿、庫作「總」。

二葉一行序　古者伏犧氏之王天下也。　○阮元《校記甲》：古者伏羲氏之王天下也。陸氏曰：「犧」，本又作「羲」，亦作「戲」。○《定本校記》：古者伏犧氏之王天下也。内野本、神宫本無「也」字。

二葉二行釋文　伏犧氏。伏。古作虙。　「伏古」上魏、平、殿、庫無「伏犧氏」三字。「伏犧」，纂作「伏羲」。「虙」，纂作「宓」。

二葉二行釋文　犧。本又作羲。亦作戲。許皮反。　「許」，十、永、阮作「辭」。○阮元《校記甲》：犧，許皮反。「許」，十行本誤作「辭」。

二葉三行釋文　張揖字詁云。羲。古字。戲。今字。一號包羲氏。　「揖」，王、魏作「楫」。「一」上纂、魏、平、毛、殿、庫有「氏」字。「號」，平作「号」。「包」，纂、魏、殿、庫作「庖」。「氏」上「羲」字，平、殿、庫作「犧」。○浦鏜《正字》：「古者」節音義「一號包羲氏」上衍一「氏」字。○阮元《校記甲》：氏，一號庖犧氏。「庖」，十行本、毛本俱作「包」。

二葉三行釋文　母曰華胥。以木德王。即太皞也。　「王」，十作「王」。「太」，魏作「大」。

二葉四行釋文　王。于況反。　「王」上平有「之」字。

二葉四行釋文　畫。乎麥反。　「畫」上平有「始」字。

二葉四行釋文　卦。俱賣反。　「卦」上平有「八」字。

二葉四行釋文　契。苦計反。　「契」上平有「書」字。

二葉五行釋文　結繩。易繫辭下。上古結繩以治。　「易」上王、魏無「結繩」二字。「下」，王、纂、魏、平、毛、殿、庫作「云」，十、永、閩、阮作「上」。「以」，殿、庫作「而」。○浦鏜《正字》：易繫辭云：上古結繩以治。「以」，當依經文作「而」。「云」，監本誤「卜」。○阮元《校記甲》：結繩，易繫辭云。「云」，十行本誤作「上」。○阮元《校記乙》：易繫辭上。按：「上」當作「云」。

二葉六行釋文　文。文字也。　「文」下王、魏不重「文」字。上「文」字下平有「籍」字。

二葉六行釋文　籍。籍書。　「籍書」，殿、庫作「書籍也」。

二葉七行疏　故曰。由是文籍生焉。　「故」，閩作「故」。

二葉七行疏　故曰伏犧。　「故」，十、庫作「故」。

二葉八行疏　字或作宓犧。　○浦鏜《正字》：疏「字或作宓犧」，「犧」疑作「羲」。

二葉八行疏　律歷志曰。　「歷」，單、八、魏、平、永、閩作「曆」，十作「曆」。

二葉十行疏　繫辭云古者包犧氏之王天下也。　「王」，八作「王」。

二葉十七行疏　由此。孔意正欲須言伏犧時有書契。　○《定本校記》：由此孔意正欲須言伏犧時有書契。「由」，疑「但」字誤。

二葉十八行疏　言結繩者。　「結」上要無「言」字。

二葉十八行疏　當如鄭注云。　○盧文弨《拾補》：當如鄭注云。毛本「注」作「註」，元本作「注」，後竝同。「註」當作「注」。

三葉一行疏　各持其一。　「持」，要作「収」。

三葉一行疏　孔無明說。　「說」，要作「文」。

三葉二行疏　文者。物象之本也。籍者。借也。　○浦鏜《正字》：文者，物象之本也。籍者，借也。案：說文作：文，錯畫也。籍，簿書也。

三葉三行疏　又云作結繩而爲罔罟。　「罔」，魏、平、毛作「網」。○浦鏜《正字》：作結繩而爲網罟。「網」，監本作「罔」，古字。○盧文弨《拾補》：作結繩而爲罔罟。毛本「罔」作「網」。「網」當作「罔」。○阮元《校記甲》：作結繩而爲網罟。「網」，十行、閩、監俱作「罔」。○阮元《校記乙》：作結繩而爲罔罟。閩本、明監本同。宋本「罔」作「網」。

三葉四行疏　彼謂結罔罟之繩。　「罔」，魏、平、毛作「網」。

三葉五行疏　蒼頡豈伏羲時乎。　「羲」，單、八、魏、平、要、十、永、殿、阮作「犧」。

三葉六行疏　末乃云。上古結繩而治。　「末」，平、十、阮作「未」。「而」，單、八、魏、平、十、永、阮作「以」。○物觀《補遺》：上古結繩而治。宋板「而」作「以」。○盧文弨《拾補》：上古結繩以治。毛本「以」作「而」，宋、元本作「以」。此類不必定據本書。○阮元《校記甲》：上古結繩而治。「而」，宋板、十行俱作「以」。按：繫辭作「而」。

三葉八行疏　七十子喪而大義乖。○浦鏜《正字》：七十子喪而大義乖。「子」，監本誤「于」。○阮元《校記甲》：七十子喪而大義乖。「子」，監本誤作「于」。

三葉八行疏　僞起哀平。「僞」，平作「爲」。○浦鏜《正字》：僞起哀平。「平」，監本誤「乎」。○阮元《校記甲》：僞起哀平。「平」，監本誤作「乎」。

三葉十一行疏　是黄帝堯舜之事也。「黄」，毛作「皇」。

三葉十一行疏　又舟檝取涣。「檝」，八作「楫」。○浦鏜《正字》：又舟檝取涣。「檝」，監本誤從手。

三葉十二行疏　臼杵取小過。「臼」，十作「曰」。

三葉十二行疏　弧矢取睽。「睽」，毛、殿、庫作「暌」。○盧文弨《拾補》：弧矢取睽。毛本「睽」作「暌」。「暌」當作「睽」。

三葉十五行疏　司馬遷班固韋誕宋忠傳玄皆云蒼頡黄帝之史官也。「韋」，平作「諱」。「傳」，魏、十作「傅」。

三葉十六行疏　徐整云在神農黃帝之間。　「間」，單、平作「閒」，十作「間」。

三葉十六行疏　衛氏云當在庖犧蒼帝之世。　「庖」，毛作「包」。○浦鏜《正字》：當在庖犧蒼帝之世。「庖」，毛本作「包」。○盧文弨《拾補》：當在庖犧蒼帝之世。毛本「庖」作「包」。「包」當作「庖」。

三葉十七行疏　生於禪通之紀。　「於」，毛作「于」。

三葉十八行疏　合雒四也。　「雒」，魏、庫作「雒」。

三葉十八行疏　循蜚七也。因提八也。　「蜚」，單、八、魏、平、十、永、阮作「飛」。「也」，魏作「年」。○山井鼎《考文》：循蜚七也。〔宋板〕「蜚」作「飛」，正德本同。史記三皇本紀「循」作「脩」。○盧文弨《拾補》：循飛七也。毛本「飛」作「蜚」。「蜚」當作「飛」。此等雖各有據，然宋、元及正德本竝作「飛」。史記三皇本紀作「脩飛」。○阮元《校記甲》：循蜚七也。「蜚」，宋板、十行、正德本俱作「飛」。○阮元《校記乙》：循飛七也。宋本、正德本同。毛本「飛」作「蜚」。

四葉一行疏　疏仡十也。　「疏仡」，單、八、魏、平、十、永、阮作「流訖」。○山井鼎《考文》：疏仡十也。〔宋板〕「疏仡」作「流訖」，下同。正德本同。[謹按] 史記三皇本紀與宋板同，但

「循」作「脩」。○盧文弨《拾補》：流訖十也。此本廣雅及三皇本紀。不必改作「疏仡」。下同。○阮元《校記甲》：踈仡十也。「踈仡」，宋板、正德本俱作「流訖」，下同。十行本此作「流訖」，下誤作「沆訖」。山井鼎曰：史記三皇本紀載此及上條與宋板同，但「循」作「脩」。○阮元《校記乙》：流訖十也。宋本、正德本同。毛本「流訖」改作「疏仡」。案：此本「流訖」下誤作「沆訖」。山井鼎曰：史記三皇本紀載此及上條與宋板同，但「循」作「脩」。

四葉二行疏　又伏犧前六紀。「伏」，毛作「伏」。

四葉二行疏　亦爲據張揖慎到徐整等說。「揖」，永作「楫」。

四葉三行疏　其疏仡之紀。「疏」，單、八、魏、平作「流」，十、阮作「沆」，永作「說」。「仡」，單、八、魏、平、十、永、阮作「訖」。○張鈞衡《校記》：其說紇（訖）之紀。據前應作「流」，「説」誤。阮作「沆」，亦誤。

四葉五行疏　背負仁。「負」，魏、平作「貟」，永作「頁」。

四葉五行疏　背文曰義。翼文曰順。○浦鏜《正字》：翼文曰義，背文曰禮。「翼」、「背」字互誤。「禮」誤「順」。○盧文弨《拾補》：背文曰義，翼文曰順。此與詩卷阿正義同。攷山海經，本作「翼文曰義，背文曰禮」。○阮元《校記甲》：背文曰義，翼文曰順。浦鏜云：「翼」、「背」字互誤，「禮」誤「順」。按：「順」字不誤，浦云非也。毛詩、左傳正義及周禮疏引並可證。惟埤雅引作「翼文曰禮」。王念孫云：「順」字與下「膺文曰仁，腹文曰信」爲韻，若作「禮」，則失其韻矣。阮元《校記乙》同。

四葉七行疏　稱古封太山禪梁甫者萬餘人。「太」，毛作「泰」。

四葉七行疏　古之封太山者七十二家。「太」，毛作「泰」。

四葉八行疏　封太山禪云云。「太」，毛作「泰」。

四葉八行疏　但遠者字有彫毀。「彫」，八作「雕」。

四葉十行疏　蓋文字在三皇之前。「皇」，毛作「王」。○盧文弨《拾補》：蓋文字在三皇以(之)前。毛本「皇」作「王」。「王」當作「皇」。

四葉十二行疏　此自鄭玄等説耳。「等」，十作「䓁」。

四葉十四行疏　是言爻皆三歸奇爲三變。「三」，要作「二」。

四葉十五行序　伏犧神農黄帝之書。謂之三墳。言大道也。少昊顓頊高辛唐虞之書。謂之五典。言常道也。「大道也」下纂、毛有釋文「神農，炎帝也，姜姓，母曰女登。以火德王。三皇之二也。黄帝，軒轅也，姬姓，少典之子，母曰附寶。以土德王。三皇之三也。史記云姓公孫，名軒轅，一號有熊氏。墳，扶云反。大也」六十四字。毛「附寶」作「附實」。此段釋文魏、殿、庫在「常道也」下。「附寶」，魏作「附實」。「一號有熊氏」，魏無「一」字。王「神農炎帝也」至「有熊氏」五十八字釋文在「黄帝之書」下，「墳，扶云反，大也」六字釋文在「謂之三墳」下。平釋文均在本卷末，「墳，扶云反」上有「三」字，下無「大也」二字。○物觀《補遺》：母曰附寶。〔經典釋文〕「寶」作「寳」。○浦鏜《正字》：「伏羲」節音義：「神農，炎帝也，姜姓，母曰女登。以火德王。三皇之二也。黄帝，軒轅也，姬姓，少典之子，母曰附寶。以土德王。三皇之三也。史記云姓公孫，名軒轅，一號有熊氏。墳，扶云切，大也」六十四字，監本脱。「附寶」，毛本誤「附實」。

四葉十七行釋文　少。詩照反。　「詩」，殿、薈作「施」。○山井鼎《考文》：少，詩照反。經典釋文「詩」作「施」。○阮元《校記甲》：少，施照反。「施」，十行本、毛本俱作「詩」字。按：「詩照」即「施照」，乃同位同等字。

四葉十七行釋文　昊。胡老反。少昊。金天氏。名摯。字青陽。　○阮元《校記甲》：昊，字青陽。「陽」，葉本作「昜」。

四葉十八行釋文　母曰女節。　「節」，十作「莭」。

四葉十八行釋文　顓。音專。　「專」，毛作「傳」。○浦鏜《正字》：顓，音專。「專」誤「傳」。

四葉十八行釋文　母曰景僕。　「僕」，平作「樸」。

五葉一行釋文　嚳。口毒反。　「口」上平有「音」字。

五葉一行釋文　母名不見。　「名」，纂、十、閩、阮作「曰」。「母」下魏、平無「名」字。○阮元《校記甲》：高辛，母名不見。「名」，十行本誤作「曰」。

五葉三行釋文　國號有虞。　「號」，平作「号」。

五葉三行釋文　瞽瞍之子。　「瞍」，十、永作「腴」。

五葉三行釋文　先儒解三皇五帝。與孔子同。　「與」上殿、庫有「多」字。「子」，纂、平、殿、庫作「不」。○山井鼎《考文》：與孔子同。〔經典釋文〕「子」作「不」。○浦鏜《正字》：先儒解三皇五帝，與孔不同。「不」誤「子」。○阮元《校記甲》：先儒解三王五帝，多與孔不同。「王」，葉本、十行本、毛本俱作「皇」。「多」，葉本作「並」，十行本、毛本俱無。「不」，十行本、毛本俱誤作「子」。○阮元《校記乙》：與孔子同。按：「子」當作「君」。○汪文臺《識語》：與孔子同。案：「子」當作「君」。案：通志堂本作「不同」，是也。

五葉五行疏　以典者。常也。　○浦鏜《正字》：以典者，常也。「以」，疑衍字。○盧文弨《拾補》：以典者，常也。「以」字衍。

五葉六行疏　言及稱便。　「稱便」，單、八、魏、平、十、永、阮作「便稱」。○山井鼎《考文》：言及稱便。〔宋板〕作「言及便稱」。○盧文弨《拾補》：言及便稱。毛本「便稱」作「稱便」，譌。○阮元《校記甲》：言及稱便。「稱便」二字宋板、十行俱倒。○阮元《校記乙》：言及便稱。宋本同。案：「便稱」二字當倒。

五葉七行疏　黄帝母曰附寶。○阮元《校記甲》：黄帝母曰附寶。「附」，葉本作「拊」。「寶」，毛本誤作「實」字。按：宋書志作「符寶」。

五葉八行疏　金天氏。母曰女節。「節」，十、閩作「莭」。

五葉八行疏　有星如虹下流。意感而生少昊。○浦鏜《正字》：有星如虹，下流華渚，女節意感而生少昊。脱「華渚女節」四字。

五葉九行疏　晻然陰風。「晻」，魏作「腌」。

五葉十一行疏　則虞書臯陶謨益稷之屬。「臯」，平、閩、毛、殿、庫作「皐」，單、八、魏、十、永、阮作「臯」。

五葉十四行疏　故禮運云以大道之行爲五帝時也。○盧文弨《拾補》：故禮運以大道之行爲五帝時也。毛本「運」下有「云」字，衍。○《定本校記》：故禮運云以大道之行爲五帝時也。「云」，疑當作「注」。曲禮「大上貴德」節正義云「是以禮運注謂五帝爲大道之時也」可證。

五葉十五行疏　優而稱皇者。「稱」上要無「優而」二字。

五葉十六行疏　案左傳上有三墳五典。　○物觀《補遺》：上有三墳五典。〔宋板〕「上」作「止」。○浦鏜《正字》：案左傳上有三墳五典。「上」當「止」字誤。○盧文弨《拾補》：案左傳止有三墳五典。毛本「止」作「上」。「上」當作「止」。○阮元《校記甲》：案左傳上有三墳五典。「上」，宋板作「止」，是也。阮元《校記乙》同。○《定本校記》：案左傳止有三墳五典。〔足利〕八行本如此。各本「止」誤「上」。

五葉十七行疏　則五帝當五典。爲五帝之書。　「爲」上單、八、魏、平、十、永、阮有「是五典」三字，毛有「是」字。○山井鼎《考文》：是爲五帝之書。〔宋板〕「是」下有「五典」二字。○盧文弨《拾補》：是五典爲五帝之書。毛本「五典」二字脱，宋、元本有。○阮元《校記甲》：典是五帝之書。「是」下宋板、十行俱有「五典」二字。閩、監並無「是」字。

五葉十七行疏　推此二典而上。　「此」，平作「比」。

五葉十八行疏　數與三皇相當。　「三」，八作「二」。

五葉十八行疏　故云三皇之書爲三墳。　「故」，閩作「故」。

六葉一行疏　案周禮小史職掌三皇五帝之書。　「小」，殿、庫作「外」。○殿本《考證》：按（案）周禮外史職掌三皇五帝之書。臣浩按：監本作「小史掌三皇五帝之書」，非也。小史但掌邦國之志，奠繫世，辨昭穆耳。今據周禮改正。○浦鏜《正字》：外史職掌三皇五帝之書。「外史」誤「小史」。○盧文弨《拾補》：外史職掌三皇五帝之書。毛本「外」作「小」，譌。下同。○阮元《校記甲》：案周禮小史職掌三皇五帝之書。浦鏜云「外」誤「小」，是也。○阮元《校記乙》：案周禮小史職掌三皇五帝之書。浦鏜云「外」誤「小」，是也。下同。○《定本校記》：案周禮小史職。「小」當作「外」。下同。

六葉三行疏　鄭玄注中候依運斗樞。「中」，八作「帝」。

六葉三行疏　又云五帝座。「帝」，八作「中」。「座」，單、八、魏、十、永、阮作「坐」。○浦鏜《正字》：又云五帝座，帝鴻金天云云。「座」，當衍字。○盧文弨《拾補》：又云五帝，帝鴻金天云云。毛本「五帝」下有「座」字，衍。○阮元《校記甲》：又云五帝座。「座」，十行本作「坐」，下文仍作「座」。○阮元《校記乙》：又云五帝坐。案：「坐」當作「座」。○阮本「座」作「坐」，孫詒讓改「坐」爲「座」，其《校記》云：「坐」不必改「座」。曲禮引中候亦作「坐」。阮校非。史記五帝本紀正義引亦同。○《定本校記》：又云五帝坐。「坐」字下皆從广。

六葉四行疏　女媧修伏犧之道。「修」，單、八作「脩」。

六葉五行疏　則巳上修舊者衆。「修」，單、八作「脩」。

六葉六行疏　或爲之説云。德協五帝座。不限多少。○浦鏜《正字》：「或爲之説云」下，疑脱「行合天皇之星者稱皇」九字。「德協五帝座」下當脱「星者稱帝」四字。

六葉七行疏　自相乖阻也。　「乖」，薈作「乖」。

六葉八行疏　何燧人説者以爲伏犧之前。　○浦鏜《正字》：何燧人説者以爲伏犧之前。「何」，疑「又」字誤。○盧文弨《拾補》：又燧人説者以爲伏犧之前。毛本「又」作「何」，譌。○阮元《校記甲》：何燧人説者以爲伏犧之前。浦鏜云：「何」，疑「又」字誤。阮元《校記乙》同。

六葉九行疏　又云古者包犧氏之王天下也。　「犧」，八作「犧」。

六葉九行疏　言古者制作莫先於伏犧。　「言」下八無「古」字。

六葉十行疏　又祝融及顓頊以下。　「祝」，十、永作「况」。○《定本校記》：又祝融及顓頊以下火官之號。「及」，疑當作「乃」。

六葉十一行疏　尚云霸其九州。　○盧文弨《拾補》：尚云霸九州。毛本「霸」下有「其」字，衍。○《定本校記》：尚云霸其九州。「其」，疑當作「有」。左氏昭十七年傳注云「共工以諸侯霸有九州者」，此蓋用之。

六葉十四行疏　此乃史籍明文。　「籍」，十、永作「藉」。

六葉十四行疏　孟軻曰。信書不如其無書。　○盧文弨《拾補》：信書不如其無書。案：武成正義句上亦無「盡」字，宋本史通疑古篇亦同。

六葉十四行疏　**吾於武成取二三策而已。**　「成」，單作「城」。

六葉十五行疏　**孟軻已然。**　「孟」下要無「軻」字。

六葉十五行疏　**又帝繫本紀。家語五帝德。皆云少昊即黄帝子青陽是也。**　○浦鏜《正字》：又帝繫本紀云云，少昊即黄帝子青陽是也。案：本紀以青陽、少昊爲二。○盧文弨《拾補》：又帝繫本紀云。案：此所云當在世本中，故不與史記本紀合，亦非大戴之帝繫也。

六葉十六行疏　**僑極子。**　○浦鏜《正字》：帝嚳元囂孫蟜極子。「蟜」誤「僑」。

六葉十八行疏　**因此謬爲五帝耳。**　「謬」，要作「繆」。

七葉一行疏　**又依繫辭先包犧氏王。没。神農氏作。**　「氏」下要無「王」字。

七葉二行疏　**然黄帝是皇。**　「黄帝」，要作「皇帝」。

七葉三行疏　**別其美名耳。**　「美」，十作「羙」。

七葉五行疏　**故曰舜非三皇。**　「皇」，單、八、魏、平、永、閩、阮作「王」，十作「王」。○物觀《補遺》：舜非三皇，亦非五帝。〔宋板〕「皇」作「王」。○阮元《校記甲》：舜非三皇。「皇」，宋板、十行、閩本俱作「王」。阮元《校記乙》同。○劉承幹《校記》：舜非三王。〔王〕應作「皇」，然各本皆同。

七葉七行疏　典謨皆云帝曰。非帝如何。　「如」下毛無「何」字。○山井鼎《考文》：皆云帝曰非帝如。〔宋板〕「如」下有「何」字。○浦鏜《正字》：典謨皆云帝曰，非帝如何。毛本脱「何」字。○盧文弨《拾補》：典謨皆云帝曰，非帝如何。毛本「何」字脱。○阮元《校記甲》：曰非帝如。「如」下宋板、十行、閩、監俱有「何」字。○阮元《校記乙》：曰非帝如。宋本、閩本、明監本「如」下俱有「何」字。案：有者是也。

七葉八行釋文　夏。禹天下號也。以金德王。　「號」，平作「号」。「金」上平無「以」字。

七葉八行釋文　商。湯天下號。亦號殷。　二「號」字，平皆作「号」。「天下號」下纂、魏、平、殿、庫有「也」字。

七葉八行釋文　三王之二也。　「二」下王、魏無「也」字。

七葉九行釋文　文王武王有天下號也。　「號」，平作「号」。

七葉九行釋文　三王之三也。　「之三」下王、魏無「也」字。

七葉九行釋文　誥。故報反。　「誥」上平有「雅」字。

七葉九行釋文　奥。烏報反。　「奥」下平有「義」字。

七葉九行釋文　揆。葵癸反。　「揆」上平有「一」字。

七葉十三行疏　而小史偏掌之者。　「小」，殿、庫作「外」。○浦鏜《正字》：而外史偏掌之者。「外」誤「小」。○阮元《校記甲》：而小史偏掌之者。浦鏜云：「外」誤「小」。

七葉十四行疏　而言三代之書廁於其間者。　「間」，單、魏作「閒」。

七葉十五行疏　以此訓誥誓命。　「誥」，永作「詁」。

七葉十八行疏　即爲典之謂也。　「爲」，平作「謂」。

八葉一行疏　以别而言之。　「别」下魏無「而」字。

八葉一行疏　文從要約。　「文」，毛殘作「又」。○浦鏜《正字》：文從要約。「文」，毛本誤「又」。○盧文弨《拾補》：文從要約。毛本「文」作「又」。「又」當作「文」。

八葉一行疏　故摠謂之誥。　「摠」，單、八作「總」，毛、殿、庫作「總」。

八葉四行疏　陳寶即以赤刀大訓在西序。　○浦鏜《正字》：即以赤刀大訓在西序。「以」當「云」字誤。○盧文弨《拾補》：即云赤刀大訓在西序。毛本「云」作「以」。「以」當作「云」。

八葉五行疏　要六藝皆是。　「藝」，平作「經」。

八葉八行釋文　八索。所白反。　「索」上王、魏、殿、庫無「八」字。「白」，平作「百」。

八葉九行釋文　徐音素。本或作素。　平上「素」作「索」，下「素」作「索」。

八葉九行疏　八卦至此書也。　「此」，八作「比」。○《定本校記》：八卦至此書也。「此」，〔足利〕八行本誤作「比」。

八葉十行疏　故摠引傳文以充足巳意。　「摠」，單、八作「總」，魏作「惣」，毛、殿、庫作「總」。

八葉十行疏　言爲論八卦事義之説者。　○《定本校記》：言爲論八卦事義之説者。「爲」，疑當作「其」。

八葉十一行疏　其書謂之八索。　○《薈要》案語：其書謂之八索。刊本「謂」訛「爲」，今改。

八葉十五行疏　故謂之索。　「故」，八作「故」。

八葉十五行疏　此索於左傳亦或謂之索。　○山井鼎《考文》：此索於左傳亦或謂之索。〔宋板〕下「索」作「素」。○浦鏜《正字》：此索於左傳亦或謂之素。「素」誤「索」。○盧文弨《拾補》：此索於左傳亦或謂之素。毛本「素」作「索」。「索」當作「素」。○阮元《校記甲》：此索於左傳亦或謂之索。下「索」字宋板作「素」。按：宋本是也。○阮元《校記乙》：此索於左傳亦或謂之索。宋本下「索」字作「素」。按：「素」字是也。○《定本校記》：此索於左傳亦或謂之素。〔足利〕八行本如此。各本「素」誤「索」。

八葉十七行疏　此一句與下爲摠。　「摠」，毛、殿、庫作「總」。

八葉十七行疏　即土地所生風氣所宜是所有也。　「土」，單作「上」，閩作「七」。「宜」，永作「宣」。

八葉十八行疏　又云風氣所宜者。　「宜」，永作「宣」。

九葉一行疏　由風氣所宜與不宜。　二「宜」，永皆作「宣」。

九葉三行疏　又須別言九州所宜已下。　「宜」，殿、庫作「有」。○盧文弨《拾補》：又須別言九州所宜已下。「宜」，官本改「有」。○《定本校記》：又須別言九州所宜已下。「宜」，殿本作「有」。

九葉四行序　八索九丘。　○阮元《校記甲》：八索。陸氏曰：索，所白反。徐音素。本或作素。阮元《校記乙》同。

九葉五行序　即謂上世帝王遺書也。　「王」下殿、庫有「之」字。

九葉五行釋文　左史。史官左右。　王「官」作「宦」，「左」下無「右」字。「左右」，纂、魏、平、毛、殿、庫作「在左」。○浦鏜《正字》：左史，史官在左。「在左」，監本誤「在右」。○阮元《校記甲》：左史，史官在左。「在左」，十行本作「左右」，誤。

九葉五行釋文　楚靈王時史官也。　「官」下平、殿、庫無「也」字。○阮元《校記甲》：相，楚靈王時史官。「官」下十行本、毛本俱有「也」字。

九葉五行疏　春秋至書也。　「至」下單、八、魏、平、十、永、阮有「遺」字。○阮元《校記甲》：春秋至書也。「至」下十行本有「遺」字。

九葉六行疏　以上因有外文言墳典丘索而謂之。　「因」，平作「固」。

九葉七行疏　知倚相是其名字。　「是」，毛作「似」。○物觀《補遺》：倚相似其名字。〔宋板〕「似」作「是」。○浦鏜《正字》：以此知倚相是其名字。「是」，毛本誤「似」。○盧文弨《拾補》：以此辭知倚相是其名字。毛本「是」作「似」。「似」當作「是」。○阮元《校記甲》：知倚相似其名字。「似」，宋板、十行、閩、監俱作「是」，是也。

九葉八行疏　彼子革答王云。　「答」，單、八、魏、平、十、永、閩、阮作「荅」。

九葉十一行疏　故直摠言帝王耳。　「摠」，毛、殿、庫作「總」。

九葉十二行序　懼覽之者不一。　「之者」，岳、殿作「者之」。○阮元《校記甲》：懼覽之者不一。「之者」二字，岳本倒。顔師古匡謬正俗曰：孔安國古文尚書序云：先君孔子，生於周末。覩史籍之煩文，懼覽者之不一，遂乃定禮樂、明舊章。「覽者」，謂習讀之人，猶言學者爾。蓋思後之讀史籍者，以其煩文不能專一，將生異説，故删定之。凡此數句，文對旨明，甚爲易曉。然後之學者，輒改「之」字居「者」字上，云「覽之者不一」，雖大意不失，而顛倒本文，語更凡淺，又不屬對，亦爲妄矣。今有晉宋時書，不被改者往往而在，皆云「覽者之不一」。阮元《校記乙》同。

九葉十三行序　讚易道以黜八索。　○《定本校記》：賛易道以黜八索。「賛」，各本作「讚」，今從疏。

九葉十四行序　述職方以除九丘。　○殿本《考證》：劉敞曰：虞書有「九共九篇」，應作「九丘」。古文「丘」作「丠」，與「共」相近，故誤傳以爲「共」耳。

九葉十四行釋文　刪。色姦反。　「反」下王有「黜，刃律反」四字，魏有「黜，丑律反」四字，平有「以黜，丑律反」五字。○物觀《補遺》：補脱黜，丑律反（據經典釋文）。

九葉十五行疏　穀梁以爲魯襄公二十一年冬十一月庚子孔子生。　「穀」，魏作「穀」。○浦鏜《正字》：穀梁以爲魯襄公二十一年冬十月庚子孔子生。「十月」，誤「十一月」。○盧文弨《拾補》：穀梁以爲魯襄公二十一年冬十月庚子孔子生。毛本「冬十」下有「一」字，衍。○阮元《校記甲》：穀梁以爲魯襄公二十一年冬十一月庚子孔子生。浦鏜云：「十月」誤「十一月」。許宗彦曰：公羊釋文云：一本作「十一月」。則穀梁亦有作「十一月」者。阮元《校記乙》同。○《定本校記》：穀梁以爲魯襄公二十一年冬十一月庚子孔子生。阮氏云：浦鏜云：「十月」誤「十一月」。許宗彦曰：公羊釋文云：一本作「十一月」，則穀梁亦有作

「十一月」者。

九葉十七行疏　因史所書。　「所」，要作「而」。

十葉一行疏　故曰蓋有不知而作之者。　「故」，單作「故」。

十葉三行疏　準依其事曰約。　「準」，平作「維」。

十葉三行疏　獨禮樂不改者。　「改」字與「者」字之間魏有一字空白。

十葉七行疏　孔子之修六藝年月。　「修」，要、薈作「脩」。

十葉八行疏　修述也。　「修」，單、八、魏、平、十、永、閩、庫、阮作「脩」。

十葉八行疏　詩有序三百一十一篇。全者三百五篇。　「序三」，毛作「序五」。○浦鏜《正字》：詩有序三百一十一篇。全者三百五篇。下當脱「存」字。「有序」二字當誤倒。「三百」誤「五百」。「全」當「今」字誤。○盧文弨《拾補》：詩序有三百一十一篇，今存三百五篇。「序有」，舊誤倒。毛本「三」作「五」。「五」當作「三」。毛本「今存」作「全者」。「全者」當作「今存」。○阮元《校記甲》：詩有序五百一十一篇。「五」，十行、閩、監俱作「三」，是也。浦鏜云：「有序」字當誤倒。按：或「序」下脱「者」字。又：全者三百五篇。浦鏜云：「全」當「今」字誤，下當脱「存」字。按：「全」謂辭義俱存也，非誤。○阮元《校記乙》：詩有序三百一十一篇。浦鏜云：「有序」字當誤倒。按：或「序」下脱「者」字。又：

全者三百五篇。浦鏜云：「全」當「今」字誤，下當脱「存」字。按：「全」謂辭義俱存也，非誤。

十葉九行疏　亦舉全數計。「全」，魏作「金」。

十葉九行疏　亦武帝時出於山巖屋壁。「壁」，永作「璧」。

十葉十行疏　以孔君爲武帝博士。「博」，永作「搏」。

十葉十行疏　於祕府而見爲。「爲」，魏、平、要、毛、殿、庫作「焉」。○浦鏜《正字》：於秘府而見焉。「焉」，監本誤「爲」。○阮元《校記甲》：於秘府而見焉。「焉」，十行、閩、監俱誤作「爲」。○阮元《校記乙》：於秘府而見爲。閩本、明監本同。案：「爲」，當作「焉」。

十葉十二行疏　孰有所廢故也。「孰」，單作「孰」。

十葉十三行疏　别云述之。以爲除九丘。○浦鏜《正字》：即職方在其内，别云述之。「之」，疑「者」字誤。○阮元《校記甲》：别云述之，以爲除九邱。浦鏜云：「之」，疑「者」字誤。阮元《校記乙》同。○《定本校記》：别云述之。浦氏云：「之」，疑「者」字誤。

十葉十三行疏　更有書以述之。「更」上殿、庫有「非」字。○浦鏜《正字》：更有書以述之。上疑脱「非」字。○盧文弨《拾補》：非更有書以述之。毛本脱「非」字，官本增。○阮元《校記甲》：更有書以述之。浦鏜云：「更」上疑脱「非」字。阮元《校記乙》同。○《定本校記》：更有書以述之。「更」上殿本、浦氏補「非」字。

十葉十五行序　撮其機要。 ○阮元《校記甲》：撮其機要。陸氏曰：「機」，本又作「幾」。

十葉十五行序　足以垂世立教。 ○阮元《校記甲》：足以垂世立教。文選李善注本無「立」字。阮元《校記乙》同。

十葉十六行釋文　又許乙反。 「又」，纂作「乂」。

十葉十六行釋文　芟。色咸反。 「色」，平作「仕」。

十葉十七行釋文　十一篇亡。 「篇亡」，平作「亡篇」。

十葉十八行釋文　凡十篇。 「凡」，殿作「几」。

十葉十八行釋文　一篇亡。 「一」，魏、十、永、閩、毛、阮作「十」。○山井鼎《考文》：誓，凡十篇，正八，攝二，十篇亡。【謹按】下「十」字恐衍，可删。○浦鏜《正字》：誓凡十篇，正八，攝二，一篇亡。「一篇」誤「十篇」。○阮元《校記甲》：誓，凡十篇，正八，攝二，一篇亾。「一」，十行本、毛本俱誤作「十」。

十一葉三行疏　使小史掌之。 「小」，殿、庫作「外」。○浦鏜《正字》：周公制禮，使外史掌之。「外」誤「小」。○阮元《校記甲》：使小史掌之。浦鏜云：「外」誤「小」。是也。阮元

《校記乙》同。

十一葉四行疏　蓋隨世不同亦可。孔子之時。　○劉承幹《校記》：亦可孔子之時。各本同。「可」下似脱「見」字。

十一葉四行疏　芟夷蘊崇之。　「蘊」，永作「薀」。○浦鏜《正字》：芟夷薀崇之。「薀」誤「蘊」。○張鈞衡《校記》：左傳曰：芟夷薀崇之。此本是，阮作「蘊」，誤。

十一葉七行疏　是據篇代大者言之。　「篇代」，魏作「代篇」。

十一葉八行疏　舉大綱。　「綱」，八作「網」。○《定本校記》：舉大綱。「綱」，〔足利〕八行本誤作「網」。

十一葉八行疏　機關。撮取其機關之要者。　二「關」字，平俱作「開」。

十一葉九行疏　斷自唐虞以下者。　「以」，薈作「已」。

十一葉九行疏　朴略難傳。　「朴」，魏作「樸」。

十一葉九行疏　唐虞已來。　「已」，薈作「以」。

十一葉十一行疏　尚有征貢歌範四者。　「貢」，魏作「貢」。

十一葉十三行疏　此云凡百篇。　「云」上要無「此」字。

十一葉十四行疏　其在大司徒大僕正乎。　「大」，毛作「太」。

十一葉十五行疏　得黃帝玄孫帝魁之書。　「魁」，單作「鬿」。

十一葉十八行疏　若禹貢全非君言而禹身事。受禪之後。無入夏書之言。　「全」，十作「仝」。○浦鏜《正字》：受禪之後，無入夏書之理。「理」誤「言」，從下疏校。○盧文弨《拾補》：受禪之後，無入夏書之理。毛本「理」作「言」。「言」當作「理」。○阮元《校記甲》：而禹身事，受禪之後，無入夏書之言。浦鏜云「理」誤「言」，從後堯典下疏挍。許宗彥曰：「事」乃「自」字之誤。言禹所言皆在受禪以前，入於虞書，自受禪後，更無入夏書之言也。下堯典下疏同此義。阮元《校記乙》同。

十二葉一行序　所以恢弘至道。示人主以軌範也。　「弘」，纂作「洪」。○阮元《校記甲》：所以恢宏至道，示人主以軌範也。文選李善本無「主」字。阮元《校記乙》同。

十二葉二行序　並受其義。　○山井鼎《考文》：並受其義。謹按〔古本〕後人旁記云：異本「義」下有「也」字。○阮元《校記甲》：並受其義。山井鼎曰：古本後人旁記云：異本「義」下有「也」字。按：古本、異本多不足據，非本諸正義，即取諸唐宋人類書爲之。

十二葉二行釋文　坦。土管反。　「土」，纂作「他」，十、永作「士」。「管」，纂、魏、平、殿、庫作

「但」。○山井鼎《考文》：坦，土管反。〔經典釋文〕「管」作「但」。○阮元《校記甲》：坦，土管反。「管」，十行本、毛本俱作「但」。

十二葉三行疏　此論孔子正理羣經已畢。○《定本校記》：此論孔子正理羣經已畢。「正」字，上下文皆作「整」。

十二葉三行疏　摠而結之。「摠」，殿、庫作「總」。

十二葉四行序　焚書坑儒。學士逃難解散。「學士」上石、八、王、纂、魏、平、岳、十、永、毛、阮有「天下」二字。○山井鼎《考文》：天下學士逃難解散。永懷、嘉、萬三本脱「天下」字。○浦鏜《正字》：天下學士逃難解散。案：葛、閩本無「天下」二字。○盧文弨《拾補》：天下學士逃難解散。「天下」，永懷、嘉、萬、葛、閩本俱無此二字。○阮元《校記甲》：天下學士。嘉靖閩、監俱脱「天下」二字。

十二葉五行釋文　始皇名政。「始皇」上魏有「秦」字。「名政」上王無「始皇」二字。

十二葉五行釋文　二十六年初并六國。「二」，平作「三」。

十二葉六行釋文　自號始皇帝。焚書詩在始皇之三十四年。坑儒在三十五年。坑。苦庚反。「號」，平作「号」。「書詩」，王、纂、魏、平、毛、殿、庫作「詩書」。二「坑」字平皆作「坑」。「坑苦庚反」四字，魏在「自號始皇帝」下。「苦」，毛作「若」。○物觀《補遺》：坑，若庚反。〔經典釋文》「若」作「苦」。○浦鏜《正字》：焚詩書在始皇之三十四年。「詩書」字監本誤倒。又：坑，苦庚切。「苦」，毛本誤「若」。○阮元《校記甲》：焚書坑，苦庚反。「苦」，毛本誤作「若」。

十二葉六行釋文　難。乃旦反。　「難」上平有「逃」字。「旦」，永作「日」。

十二葉七行疏　雖曰明白。反遭秦始皇滅除之。依秦本紀云。　○浦鏜《正字》：雖曰明白，反遭秦始皇滅除之。依秦本紀云云。「雖曰」疑「雖日」誤。「反」當「及」字誤。「依」疑「案」字誤。○阮元《校記甲》：反遭秦始皇滅除之。浦鏜云：「反」當「及」字誤。按：當「又」字誤。阮元《校記乙》同。

十二葉七行疏　秦王政二十六年。　「政」，單、八、魏、平、十、永、閩、阮作「正」。○阮元《校記甲》：秦王政二十六年。「政」，十行、閩本俱作「正」。

十二葉八行疏　故云。坑儒焚書。　「故」，單作「故」。

十二葉九行疏　悉詣守尉雜燒之。　「雜」，單、八、魏、永、閩、毛、阮作「親」，十作「觀」。○山井鼎《考文》：悉詣守尉親燒。〔宋板〕「親」作「雜」。○浦鏜《正字》：悉詣守尉雜燒之。「雜」，毛本誤「親」。○盧文弨《拾補》：悉詣守尉雜燒之。毛本「雜」作「親」。「親」當作「雜」。○阮元《校記甲》：悉詣守尉親燒之。「親」，宋板、監本俱作「雜」，是也。阮元《校記乙》同。○《定本校記》：悉詣守尉雜燒之。〔足利〕八行本如此，與史記合。單疏、十行「雜」誤「親」。

十二葉十行疏　**諸生連相告引。**　○浦鏜《正字》：諸生連相告引。「連」，本紀作「傳」。

十二葉十一行疏　**皆坑之咸陽。**　○浦鏜《正字》：皆坑之咸陽。「坑」，本紀作「阬」。

十二葉十一行疏　**又衛宏古文奇字序云。**　○阮元《校記甲》：又衛宏古文奇字序云。段玉裁云：師古注儒林傳引此作「衛宏詔定古文官書」。阮元《校記乙》同。

十二葉十二行疏　**又密令冬月種瓜於驪山硎谷之中温處。**　「瓜」，單、八、魏、平、十、閩作「瓜」。

十二葉十二行疏　**瓜實。乃使人上書曰。**　「瓜」，單、八、魏、平、十、閩作「瓜」。

十二葉十三行疏　**瓜冬有實。**　「瓜」，單、八、魏、平、十、閩作「瓜」。

十二葉十四行疏　**因發機從上填之以土。**　「填」，十作「塡」。「土」，閩作「士」。

十二葉十五行疏　**京生穿。**　「穿」，永作「穿」。

十二葉十六行疏　**襃生中。中生武，武生延陵。及安國。爲武帝博士。臨淮太守。**　「襃」，平作「裹」。「陵」，永作「陵」。○山井鼎《考文》：襃生中，中生武，武生延陵。及安國，爲武帝博士。〔宋板〕「中」作「忠」，「陵」作「年」，「安國」下復有「安國」二字。謹按 史記與宋板同。○浦鏜《正字》：襄生忠，忠生武。武生延年及安國，安國爲武帝博士。脱「安國」二字。「忠」誤「中」，「延年」誤「延陵」。○盧文弨《拾補》：襄生忠，忠生武，武生延年及安國，安國爲武帝博士。毛本「忠」作「中」。「中」當作「忠」。毛本「年」作「陵」。「陵」當作「年」。下「安國」二字毛本脱。○阮元《校記甲》：襄生中，中生武，武生延陵及安國，爲武帝博士，臨淮太守。宋板「中」作「忠」，「陵」作「年」，「安國」下復有「安國」二字。山井鼎曰：史記與宋本同。○《定本校記》：襄生中，中生武，武生延陵及安國。〔足利〕八行本「中」皆作「忠」，「陵」作「年」，重「安國」二字，皆依史記改。

十二葉十七行序　漢室龍興。開設學校。　「校」，毛作「挍」。○浦鏜《正字》：開設學校。「校」，毛本誤「挍」。後同者不出。○阮元《校記甲》：漢室龍興，開設學挍。「挍」，諸本俱從木。後放此。按：作「挍」，避明熹宗諱。汲古閣本全書皆然。

十三葉一行序　裁二十餘篇。　「二十」，石作「廿」。○阮元《校記甲》：裁二十餘篇。唐石經凡「二十」俱作「廿」，「三十」俱作「卅」。按：「廿」讀如「入」，「卅」讀如「颯」。秦刻石文亦如是。

十三葉二行釋文　校。户教反。「校」上平有「學」字。「校」，毛作「挍」。

十三葉二行釋文　鄭國謂學爲校。「鄭」，魏作「韓」。「校」，毛作「挍」。

十三葉二行釋文　濟。子禮反。郡名也。「郡」上王、魏、毛有「濟南」二字。

十三葉二行釋文　伏生名勝。「伏」，纂作「伏」。

十三葉三行釋文　過。古卧反。「過」上平有「年」字。

十三葉三行釋文　傳。直戀反。「傳」上平有「以」字。「戀」，王、纂、魏、平、十、永、殿、庫、阮作「專」，閩作「傳」。○山井鼎《考文》：傳，直戀反。〔經典釋文〕「戀」作「專」。○浦鏜《正字》：傳，直專切。「專」誤「戀」。○阮元《校記甲》：以傳，直專反。「專」，毛本誤作「戀」。按：釋文「傳」字遇平聲則作音，遇去聲即不作音。故下載「及傳」二字，但釋其義而已。

十三葉三行釋文　下傳之同二十餘篇。「之」下王、魏、平、毛、殿、庫有「子孫」二字。「二」上平有「裁」字。「下傳之同」下王、魏無「二十餘篇」四字。

十三葉三行釋文　二十九篇也。「篇」下王、纂、魏、平有「是」字。

十三葉五行疏　言學校者。「校」，毛作「挍」。

十三葉五行疏　校。學之一名也。　「校」，毛作「挍」。

十三葉五行疏　故鄭詩序云。子衿刺。學校廢。　「衿」，魏、十、永、毛作「衿」。「刺」，八、魏、平、十、永作「剌」。「校」，毛作「挍」。

十三葉六行疏　然明請毁鄉校是也。　「校」，毛作「挍」。

十三葉九行疏　於是詔太常使掌故鼂錯往受之。　「故」下單、八、魏、平、十、永、閩、毛、殿、庫、阮有「臣」字。「鼂」，單、魏、十、永、閩作「晁」。○浦鏜《正字》：詔太常使掌故鼂錯往受之。毛本「掌故」下衍「臣」字。○盧文弨《拾補》：詔太常使掌故鼂錯往受之。毛本「故」下有「臣」字，衍。○阮元《校記甲》：於是詔太常使掌故臣鼂錯往受之。監本無「臣」字。浦鏜云「臣」字衍，是也。阮元《校記乙》同。

十三葉九行疏　即以教於齊魯之間。　「間」，單、十作「閒」。

十三葉十行疏　其後兵大起。流亡。漢定天下。　「大」，單、八、魏、平、要、十、永、阮作「火」。「流」下單、八、魏、平、十、永、閩、阮無「亡」字。「起」下要無「流亡」二字。「漢」上要有「劉」字。○阮元《校記甲》：其後兵大起流亡。十行本「大」作「火」，脱「亡」字。閩本亦脱「亡」字。○阮元《校記乙》：其後兵火起流。案：「流」下當有「亡」字。○《定本校記》：其後兵火起流。〔足利〕八行本「火」作「大」，「流」下擠入「亡」字，亦依史記。

十三葉十行疏　**亡數十篇。**　「十」，永作「千」。

十三葉十行疏　**以教于齊魯之間。**　「于」，要作「於」。「間」，單、十、阮作「閒」。

十三葉十二行疏　**鼂錯往受之時。**　「鼂」，單、魏、要、十、永、閩作「晁」。

十三葉十四行疏　**皆云伏生獨得二十九篇以教齊魯。**　「皆」，毛作「者」。○浦鏜《正字》：皆云伏生獨得二十九篇。「皆」，毛本誤「者」。○盧文弨《拾補》：案：史記及儒林傳皆云伏生獨得二十九篇以教齊魯。毛本「皆」作「者」。「者」當作「皆」。○阮元《校記甲》：案史記及儒林傳者云。「者」，十行、閩、監俱作「皆」，是也。

十三葉十五行疏　**則今之泰誓。**　「今」，毛作「全」。○浦鏜《正字》：則今之泰誓，非初伏生所得。「今」，毛本誤「全」。○盧文弨《拾補》：則今之泰誓。毛本「今」作「全」。「全」當作「今」。○阮元《校記甲》：則全之泰誓。「全」，十行、閩、監俱作「今」，是也。

十三葉十五行疏　**鄭玄書論亦云民間得泰誓。**　「間」，單、十、阮作「閒」。

十三葉十六行疏　**與博士使讀。説之數月。**　○阮元《校記甲》：使讀説之。按：文選注「讀」作「讚」。阮元《校記乙》同。

十三葉十七行疏　**入於伏生所傳内。**　「入」，毛作「人」。○浦鏜《正字》：入於伏生所傳内。「入」，毛本誤「人」。○盧文弨《拾補》：入於伏生所傳内。毛本「入」作「人」。「人」當作

「入」。○阮元《校記甲》：人於伏生所傳內。「人」，十行、閩、監俱作「入」，是也。

十三葉十七行疏　故爲史摠之。「摠」，毛、殿、庫作「總」。

十三葉十八行疏　云民間所得。「間」，單、十、阮作「閒」，殿作「問」。

十三葉十八行疏　但伏生雖無此一篇。○山井鼎《考文》：但伏生雖無此一篇。〔宋板〕「一」作「三」。○盧文弨《拾補》：但伏生雖無三篇。毛本「三」作「一」。「一」當作「三」。○阮元《校記甲》：但伏生雖無此一篇。「一」，宋板作「三」。按：「一」字非也。阮元《校記乙》同。

十四葉二行疏　宣帝本始元年。「本始」，單、八、魏、平、要、十、永、閩、阮作「泰和」。○物觀《補遺》：宣帝本始元年。〔宋板〕「本始」作「泰和」。○阮元《校記甲》：宣帝本始元年。「本始」，宋板、十行、閩本俱作「泰和」，誤。○阮元《校記乙》：宣帝泰和元年。宋本、閩本同。毛本「泰和」作「本始」。案：所改是也。○《定本校記》：宣帝泰和元年。「泰和」，監本改作「本始」，是也。

十四葉五行疏　武帝記。載今文泰誓末篇。○《定本校記》：武帝紀，載今文泰誓末篇。〔足利〕八行本如此，各本「紀」誤「記」。

十四葉六行疏　而劉向云武帝末得之。　○浦鏜《正字》：而劉向云武帝末得之泰誓。「之」疑衍字，或在「末」字上。

十四葉六行疏　泰誓理當是一。　「泰」，永作「秦」。

十四葉七行疏　但此先有張霸之徒。　「此」，單、八、魏、要、十、永、閩、毛、阮作「於」，平作「扵」。○浦鏜《正字》：但于先有張霸之徒僞造泰誓。「於」，監本誤「此」。○阮元《校記甲》：但於先有張霸之徒。「於」，監本誤作「此」。

十四葉九行疏　大勳未集。肆予小子發。　「未」，平作「末」。「予」，平作「子」。

十四葉十一行疏　有則當云名之尚書。既言以其上古之書。　○浦鏜《正字》：有則當云名之尚書，既言以其上古之書。「有」疑衍字。「既」當「即」字誤。○盧文弨《拾補》：有則當云名之尚書，既言以其上古之書。「有」，浦疑衍，當有。「既」疑「即」。

十四葉十四行疏　尚書。上也。　「書」，單、八、平、十、毛、阮作「者」。「尚」下魏無「書」字，作一字空白。

十四葉十四行疏　二家以尚與書相將。則上名不正出於伏生。　「二」，阮作「一」。「將」，殿、庫作「埒」。「正」，永作「止」（「正」字壞缺）。○盧文弨《拾補》：二家以尚與書相將。疏中常有「相將」之語，改作「相呼（埒）」，非。○張鈞衡《校記》：故曰尚書。二家以尚與書相將，則上名不止出於伏生。阮本「二」作「一」，「止」作「正」，皆誤。「二家」指王與鄭，「止」字亦佳。

十四葉十五行疏　璿璣鈐云。　「鈐」，十、永、閩作「鈴」。

十四葉十六行疏　且孔君親見伏生不容不悉。　「且」，十作「目」。

十四葉十七行疏　王肅曰。上所言。史所書。　「曰」，單、八、魏、十、永、閩、阮作「云」。「上」，毛作「生」。○浦鏜《正字》：王肅曰：上所言，史所書。「上」，毛本誤「生」。○盧文弨《拾補》：王肅云：上所言。毛本「上」作「曰」。「曰」當作「上」。「上」下毛本又衍「生」字。○阮元《校記甲》：生所言，史所書。「生」，十行、閩、監俱作「上」。按：「上」字是也。

十五葉二行疏　禮運。鄭玄。以先王食腥。　「王」，毛作「生」。「腥」，十作「睲」。○物觀《補遺》：鄭玄以先生食腥。〔宋板〕「生」作「王」。○浦鏜《正字》：鄭玄以先王食腥。「王」，毛本誤「生」。○盧文弨《拾補》：以先王食腥。毛本「王」作「生」。「生」當作「王」。○阮元《校記甲》：禮運鄭元以先生食腥。「生」，宋板、十行、閩、監俱作「王」，與禮運合。

十五葉三行疏　神農爲中古。　「古」，十作「占」。

十五葉五行序　至魯共王。　○阮元《校記甲》：至魯共王。毛氏曰：「王」作「正」，誤。按：今本無作「正」者。毛氏所据乃宋南渡初監本也，存其説以著宋本異同。後放此。

十五葉七行序　及傳論語孝經。　「及」，平作「反」。

十五葉八行釋文　共。音恭。亦作龔。又作恭。　「共」上平有「魯」字。「作恭」，永作「作恭」。

十五葉八行釋文　共王。　「王」，魏作「正」，永作「玉」。

十五葉九行釋文　漢景帝之子。名餘。　「餘」下王、魏有「也」字。

十五葉九行釋文　好。呼報反。　「好」下平有「治」字。

十五葉九行釋文　傳。謂春秋也。　「傳」上平有「及」字。

十五葉九行釋文　一云周易十翼。　「云」上永無「一」字。○張鈞衡《校記》：云周易十翼。阮本作「一云」。此脱「云」（一）字。

十五葉十行釋文　非經謂之傳。　○阮元《校記甲》：及傳。非經謂之傳。「經」，葉本作「純」，誤。

十五葉十行釋文　論。如字。　「論」下平有「語上」二字。

十五葉十行釋文　科。苦禾反。　「科」下平有「斗上」二字。

十五葉十行釋文　蝦蟆子。　「蟆」，纂、魏作「蟇」。

十五葉十一行疏　封於魯爲王。「魯」，魏作「曾」。

十五葉十一行疏　故欲哀益。「哀」，八作「裒」，平作「褒」，十作「哀」。

十五葉十二行疏　於所壞壁内。「壞」，平作「壤」。

十五葉十三行疏　聞金鐘石磬絲琴竹管之音。「鐘」，平、十、永、閩、阮作「鍾」。「琴」，十作「琹」。

十五葉十五行疏　皆無尚字。「字」，平作「序」。

十五葉十六行疏　推此壁内所無。「推」，阮作「惟」。

十五葉十七行疏　正謂論語孝經是傳也。「正」下平無「謂」字。

十六葉二行疏　聞八音之聲乃止。「聞」，魏作「間」。

十六葉四行序　以所聞伏生之書。「伏」，纂作「伏」。

十六葉四行序　考論文義。「考」，毛作「攷」。

十六葉五行序　定其可知者爲隸古定。更以竹簡寫之。○阮元《校記甲》：爲隸古定。更以竹簡寫之。匡謬正俗曰：言以孔氏壁中科斗文字，依傍伏生口傳授者，考挍改定之。易科斗以隸古字，定訖，更別以竹簡寫之。非復本文也。近代淺學乃改隸古定爲隸古字，非也。按：直云隸古即是隸古字，於理可知，無所闕少。定者，爲定訖耳。今先代舊本皆爲隸古定，不爲古字也。阮元《校記乙》同。

十六葉五行序　增多伏生二十五篇。「二十」，石作「廿」。

十六葉六行序　益稷合於皐陶謨。○阮元《校記甲》：益稷合於臯陶謨。陸氏曰：「皐」本作「咎」，「陶」本作「繇」。阮元《校記乙》同。

十六葉六行序　盤庚三篇合爲一。○阮元《校記甲》：盤庚三篇合爲一。陸氏曰：「盤」，本又作「般」。按：周禮司勳注作「般庚」。説詳段玉裁尚書撰異。阮元《校記乙》同。

十六葉八行序　其餘錯亂摩滅。○山井鼎《考文》：錯亂摩滅。謹按 古本後人旁記云：異本「摩」作「磨」。○阮元《校記甲》：其餘錯亂摩滅。山井鼎曰：古本後人旁記云：異本「摩」作「磨」。按：「磨」字説文所無。阮元《校記乙》同。

十六葉八行序　弗可復知。○阮元《校記甲》：弗可復知。「弗」，文選李善本作「不」。阮元《校記乙》同。

十六葉九行釋文　隸。音麗。「隸」下平有「古上」二字。

十六葉九行釋文　謂可隸書寫古文。「可」，纂、魏、平、十、永、閩、毛、殿、庫、阮作「用」。○浦鏜《正字》：謂用隸書寫古文。「用」，監本誤「可」。

十六葉九行釋文　二十五篇。謂虞書。　「二」上平有「增多伏生」四字。「謂」上王、魏無「二十五篇」四字。

十六葉十行釋文　仲虺之誥。　「虺」，魏作「虺」。

十六葉十一行釋文　冏命。　「冏」，魏、永作「囧」。

十六葉十一行釋文　合。舊音閤。　「合」下平有「於」字。

十六葉十二行釋文　盤。步干反。本又作般。　「又」上纂無「本」字。「般」，閩作「盤」。

十六葉十二行釋文　復。扶又反。　「復」下平有「出上」二字。

十六葉十二行釋文　五十九篇。即今所行五十八篇。　「五十九」上平有「凡」字。「即」上王、魏無「五十九篇」四字。「八」下平無「篇」字。

十六葉十二行釋文　謂虞書。　「謂」上平、殿、庫有「其餘錯亂摩滅」六字。

十六葉十三行釋文　膏飫。　「膏」，王、纂、平、庫作「稾」。○《薈要》案語：稾飫。刊本「稾」訛「膏」，今改。○阮元《校記甲》：稾飫。「稾」，葉本从木，十行本、毛本俱誤作「膏」。

十六葉十三行釋文　徂后。　○阮元《校記甲》：徂后。「徂」，葉本作「祖」，誤。

十六葉十四行釋文　咸乂四篇。　「乂」，永作「又」。

十六葉十四行釋文　旋巢命。　「旋」，王、平、魏、十、永、毛、殿作「旅」。

十六葉十四行釋文　嘉禾。　「禾」，魏、毛作「木」。○浦鏜《正字》：歸禾。嘉禾。下「禾」字毛本誤「木」。

十六葉十五行釋文　上。時掌反。　「上」上平有「悉」字。「掌」，永作「堂」。

十六葉十八行疏　故以所聞伏生之書。　「伏」，毛作「伏」。

十七葉一行疏　推考其文。　「推」，永作「惟」。○張鈞衡《校記》：惟考其文。阮本「惟」作「推」。案：説文：惟，凡思也。深思而詳考其文，乃得其義，亦通。

十七葉二行疏　故云可知者。　「可」下魏無「知」字。

十七葉四行疏　以雖隸而猶古。　「猶」，要作「由」。

十七葉四行疏　案班固漢志。　「志」，平作「忘」。

十七葉六行疏　六曰假借。令長。　「令」，十作「今」。

十七葉七行疏　其史籀始有大篆十五篇。　「籀」，單、魏、要、永、閩作「籒」，平作「籕」。

十七葉七行疏　號曰篆籀。　「籀」，單、魏、要、十、永、閩作「籒」，平作「籕」。

十七葉八行疏　及秦用篆書。　「及」，毛作「反」。○浦鏜《正字》：及秦用篆書。「及」，毛本誤「反」。○盧文弨《拾補》：及秦用篆書。毛本「及」作「反」。「反」當作「及」。○阮元《校記甲》：反秦用篆書。「反」，十行、閩、監俱作「及」。按：「及」字不誤。

十七葉九行疏　八曰隸書。「八」，八作「入」。

十七葉十行疏　使甄豐校定時。「豐」，八、十、永作「豊」。

十七葉十一行疏　下杜人程邈所作也。「杜」，平作「社」。

十七葉十三行疏　去其大篆刻符殳書署書。平「篆」作「篆」，「殳」作「及」。

十七葉十四行疏　乃用古文與奇字。「用」，平作「周」。

十七葉十四行疏　而不用大篆也。「篆」下要無「也」字。

十七葉十六行疏　即孔氏壁内古文。「氏」，毛作「子」。○盧文弨《拾補》：亦云即孔氏壁内古文。毛本「氏」作「子」。「子」當作「氏」。

十七葉十八行疏　周之象形文字者。「文」，平作「又」。

十八葉一行疏　揔指六書象科斗之形。「揔」，毛、殿、庫作「總」。

十八葉二行疏　增多伏生二十五篇者。「增」，十、永、閩、阮作「曾」。○阮元《校記甲》：增多伏生二十五篇者。「增」，十行、閩本俱誤作「曾」。○阮元《校記乙》：曾多伏生二十五篇者。閩本同。毛本「曾」作「增」。案：「增」字是也。

十八葉三行疏　而合之者。「合」下單、八、魏、平、要無「之」字。「之」，十、永、閩作「者」。○阮元《校記乙》：亦壁内古文而合者者。毛本下「者」字作「也」。

十八葉三行疏　因誦而連之故殊耳。「誦」，要作「謂」。

十八葉三行疏　其盤庚本當同卷。故有并也。○浦鏜《正字》：及盤庚本當同卷，故有并也。「有」字疑。○盧文弨《拾補》：其盤庚本當同卷，故有并也。「有」疑「又」。

十八葉四行疏　及以王若曰庶邦亦誤矣。○浦鏜《正字》：及以王若曰庶邦亦誤矣。「及」當「乃」字誤。○盧文弨《拾補》：乃以王若曰庶邦亦誤矣。毛本「乃」作「及」。「及」當作「乃」。○阮元《校記甲》：及以王若曰庶邦亦誤矣。浦鏜云：「及」當「乃」字誤。阮元《校記乙》同。○汪文臺《識語》：及以王若曰庶邦亦誤矣。浦鏜云：「及」當「乃」字誤。案：此馬、鄭本也。以伏生及之，疏意謂伏生以康王之誥與顧命同卷，固誤。及馬、鄭本「王若曰庶邦」爲篇首，亦誤也。浦改非是。

十八葉五行疏　加舜典益稷康王之誥凡五篇爲三十三篇。「三十三」，要作「三十二」。

十八葉六行疏　故云復出此篇并序凡五十九篇。「故」，阮作「篇」。○張鈞衡《校記》：故云復出此篇。阮本「故」作「篇」，誤。

十八葉八行疏　何者。「者」，要作「也」。

十八葉九行疏　減其八。「減」，永作「滅」。○張鈞衡《校記》：內有太甲、盤庚、説命、泰誓，皆三篇共卷，滅其八。阮本「滅」作「減」。案：易大過、書盤庚皆有「滅」字，古誼也。「滅」字始樂記「亦（禮）主其滅」，誼近。下「滅四」、「滅十二」同。

十八葉十行疏　則又減四。「減」，永作「滅」。

十八葉十行疏　通前十二。「通」，平作「篇」。

十八葉十行疏　以五十八減十二。「減」，永作「滅」。

十八葉十行疏　非四十六卷而何。「而」，單作「如」。○《定本校記》：非四十六卷如何。各本「如」作「而」，今從單疏。

十八葉十一行疏　四十二篇也。「二」，要作「四」。

十八葉十一行疏　亦上送官。「亦」，八、要作「悉」。○《定本校記》：亦上送官。〔足利〕八行本「亦」作「悉」。

十八葉十二行疏　或賢聖間出。「間」，平、十作「閒」。

十八葉十三行序　採摭羣言。○阮元《校記甲》：採摭羣言。陸氏曰：「採」本又作「采」。文選李善本亦作「采」。按：「采」、「採」正俗字。

十八葉十四行序　約文申義。「申」，纂作「由」。

十八葉十四行序　庶幾有補於將來。「補」，纂、永作「補」。

十八葉十五行釋文　爲。于僞反。平「爲」上有「詔」字，「于」作「干」。

十八葉十五行釋文　摭。之石反。一音之若反。「一音」，纂作「又」。

十八葉十五行釋文　暢。丑亮反。「丑亮反」，纂作「音悵」。「丑」，平作「尹」，閩作「五」。

十八葉十七行疏　出自丘明。「丘」，魏作「立」。

十八葉十八行疏　但大率秦漢之際。「但」，八作「伹」。

十九葉一行疏　仍有同者。「仍」，八、要作「乃」。

十九葉二行疏　冀免乖違。「乖」，薈作「乖」。

十九葉四行疏　令得申盡其義。「義」，單作「美」，八作「美」。○山井鼎《考文》：令得申盡其義。〔宋板〕「義」作「美」。謹按似非。○阮元《校記甲》：令得申盡其義。「義」，宋板作「美」。山井鼎曰：似非。○《定本校記》：令得申盡其義。十行本如此。單疏、八行「義」誤作「美」。

十九葉五行疏　故云庶幾有所補益於將來。「補」，魏、十、永作「補」。

十九葉九行序　書序。序所以爲作者之意。　○《定本校記》：書序。序所以爲作者之意。内野本、神宫本無「者」字。

十九葉十行序　故引之名冠其篇首。　「名」，石、八、王、纂、魏、平、岳、十、永、閩、毛、殿、庫、阮作「各」。○浦鏜《正字》：故引之各冠其篇首。「各」，監本誤「名」。○阮元《校記甲》：故引之各冠其篇首。「各」，監本誤作「名」。

十九葉十一行序　傳之子孫。　「之子」，毛作「子孫」。○物觀《補遺》：傳子孫孫。〔古本〕「傳」下有「之」字，無一「孫」字。宋板同。○浦鏜《正字》：傳之子孫。毛本誤「傳子孫」。○盧文弨《拾補》：傳之子孫。毛本「之子」作「子孫」。「子孫」當作「之子」。○阮元《校記甲》：傳子孫孫。諸本俱作「傳之子孫」。阮元《校記乙》同。

十九葉十二行序　以貽後代。　○山井鼎《考文》：以貽後代。〔古本〕「代」作「世」。○盧文弨《拾補》：以貽後代。古本「代」作「世」。○阮元《校記甲》：以貽後代。「代」，古本、文選六臣本俱作「世」。○《定本校記》：以貽後世。「世」，各本作「代」，今從内野本、神宫本、足利本。

十九葉十三行釋文　爲。于僞反。　「爲」上平有「序所以」三字。

十九葉十三行釋文　見。賢遍反。　「見」上平有「義」字。

十九葉十三行釋文　冠。工亂反。　「冠」上平有「各」字。纂無「冠，工亂反」四字。○浦鏜《正字》：冠，工亂切。「切」，監本誤「及」。

十九葉十三行釋文　巫蠱。漢武帝末征和中。　「漢」上王、魏無「巫蠱」二字。「蠱」下平有「事」字。○山井鼎《考文》：巫蠱，漢武帝末。〔經典釋文〕作「巫音無，蠱音古，漢武帝末」。

謹按　今本後更出此音。今當改從經典釋文。

十九葉十四行釋文　貽。以之反。　「貽」，永作「貽」。「反」下王、纂、魏、平、毛、殿、庫有「遺也」二字。

十九葉十四行疏　書序至隱也。　「至」下單、八有「不」字。

十九葉十五行疏　不是摠陳書意汎論。　「摠」，魏作「總」，毛、殿、庫作「總」。

十九葉十五行疏　而注述者不可代作者之謙。　「注」，十作「汪」。

十九葉十七行疏　觀序而昭然意義顯見。　「意」下平無「義」字。

十九葉十七行疏　宜各與其本篇相從附近。　「宜」上單、八、魏、平、毛有「此序」二字。○阮元《校記甲》：此序宜各與其本篇相從附近。十行、閩、監俱無「此序」二字。○阮元《校記乙》：宜各以（與）其本篇相從附近。閩本、明監本同，毛本「宜」上有「此序」二字。案：

有者是也。

二十葉三行疏　冀能與我同於慕古之志。　「冀」，八作「若」。○山井鼎《考文》：冀能與我同於慕古之志。〔宋板〕「冀」作「若」。○盧文弨《拾補》：若能與我同於慕古之志。毛本「若」作「冀」。「冀」當作「若」。○阮元《校記甲》：冀能與我同於慕古之志。「冀」，宋板作「若」。○《定本校記》：冀能與我同於慕古之志。「冀」，〔足利〕八行本改作「若」。

二十葉四行疏　王制曰執左道以亂政者殺。　「政」下單無「者」字。○《定本校記》：執左道以亂政殺。單疏如此。〔足利〕八行本「政」下擠入「者」字。

二十葉四行疏　左道。謂巫蠱之屬。　○浦鏜《正字》：左道，謂巫蠱之屬。案：鄭註作「左道若巫蠱及俗禁」。

二十葉五行疏　摠名。　「摠」，魏作「緫」，毛、殿、庫作「總」。

二十葉七行疏　先於太子宮埋桐人。　「埋」，平、永、閩作「理」。

二十葉八行疏　即詔丞相劉屈氂發三輔兵討之。　「丞」，平作「承」。「氂」，單、八作「𨤲」，魏、平、十、永、閩作「𨤲」，阮作「釐」。○阮元《校記甲》：即詔丞相劉屈氂。「氂」，十行、閩本俱作「𨤲」。按：「𨤲」字非也。○阮元《校記乙》：即詔丞相劉屈釐。閩本同。明監本、毛本「釐」作「氂」。按：「釐」字非也。○張鈞衡《校記》：劉屈釐。阮本同。應作「氂」，二本均誤。○《定本校記》：即詔丞相劉屈釐發三輔兵討之。「釐」，王制疏與此同，漢書作「氂」。

二十葉九行疏　太子釋長安囚與鬭。「釋」，單、八、魏、平作「赦」，十、永作「看」，阮作「看」。「囚」，單、魏、平、十、永、阮作「因」。○浦鏜《正字》：太子釋長安囚與鬭。監本「囚」誤「國」，「鬭」誤「間」。○阮元《校記甲》：太子釋長安囚與鬭。十行本「釋」誤作「看」，「囚」誤作「因」。監本「囚」誤作「國」，「鬭」誤作「閗」。○阮元《校記乙》：太子看長安因與鬭。毛本「看」作「釋」，「因」作「囚」。案：所改是也。監本「囚」作「國」，「鬭」作「閗」，並誤。

二十葉九行疏　不勝而出走奔湖。遂自殺。「遂」，單、八、平、永作「闗」，十、閩、阮作「關」。○山井鼎《考文》：奔湖，遂自殺。〔宋板〕「遂」作「關」，正、嘉二本同。謹按作「遂」似是。○盧文弨《拾補》：走奔湖關自殺。毛本「關」作「遂」。「遂」當作「關」。○阮元《校記甲》：奔湖遂自殺。「遂」，宋板、十行本、正、嘉二〔本〕、監本、閩本俱作「關」。山井鼎曰：作「遂」似是。按：湖，地名也。作「湖關」者，殆因壺關而誤。○阮元《校記乙》：奔湖關自殺。宋本、明監本、閩本同。毛本「關」作「遂」。山井鼎曰：作「遂」似是。按：湖，地名也。作「湖關」者，殆因壺關而誤。○《定本校記》：奔湖關自殺。湖關，據漢書當作湖。阮氏云：作湖關者，殆因壺關而誤。案：王制疏引漢書壺關老人上書，誤作「湖關」，亦此類。

二十葉十行疏　爲不隱蔽耳。「耳」，魏作「爾」。

二十葉十一行疏　因而有所曉寤。〇浦鏜《正字》：因而有所曉寤。「寤」，監本誤。

尚書註疏卷第二　漢孔氏傳　唐孔穎達疏

皇明朝列大夫國子監祭酒臣李長春
奉訓大夫司經局洗馬管司業事臣盛訥等奉
勑重校刊

堯典第一

○釋文凡十六篇。十一篇亡。五篇見存。

疏○古文尚書堯典第一。○正義曰。檢古本幷石經。直言堯典第一。無古文尚書。以孔君從隷古。仍號古文。故後人因而題於此。以別伏生所出。大小夏侯及歐陽所傳。爲今文故也。堯典第一篇之名。當與衆篇相次第。訓爲次也。於次第之内而處一。故曰。堯典第一。以此第一者。以五帝之末。接三王之初。典策既備。因機成務。交代揖讓。以垂無爲。故爲第一也。然書者。理由舜史。勒成一家。可以爲法。上取堯事。下終禪禹。以至舜終。皆爲舜史所錄。其堯舜之典。多陳行事之狀。其言寡矣。禹貢即全非君言。準之後代。不應入書。此其一體之異。以此禹之身事。於禪後無入夏書之理。自甘誓已下。皆多言辭。則古史所書。於是乎始知五子之歌亦非上言。典書草創。以義而錄。但致言有本。各隨其事。檢其此體。爲例有十。一曰典。二曰謨。三曰貢。四曰歌。五曰誓。六曰誥。七曰訓。八曰命。九曰征。十曰範。堯典舜典二篇。典也。大禹謨皋陶謨二篇。謨也。禹貢一篇。貢也。五子之歌一篇。歌也。甘誓泰誓三篇湯誓牧誓費誓秦誓八篇。誓也。仲虺之誥湯誥大誥康誥酒誥召誥洛誥康王之誥八篇。誥也。伊訓一篇。訓也。說命三篇微子之命蔡仲之命顧命畢命冏命文侯之命九篇。命也。胤征一篇。征也。洪範一篇。範也。此各隨事而言。益稷亦謨也。因其人稱言以別之。其太甲咸有一德。伊尹訓道王。亦訓之類。盤庚。亦誥也。故王肅云。不言誥何也。取其徙而立功。非但錄其誥。高宗肜日。與訓序連文。亦訓辭可知也。西伯戡黎。云祖伊恐奔告于受。亦誥也。武成。云識其政事。亦誥也。旅獒。戒王。亦訓也。金縢自爲一體。祝亦誥辭也。梓材。酒誥分出。亦誥也。多士。以王命誥。自然誥也。無逸。戒王。亦訓也。君奭。周公誥召公。亦誥也。多方。周官。上誥於下。亦誥也。君陳。君牙。與畢公之類。亦命也。呂刑。陳刑告王。亦誥也。書篇之名。因事而立。既無體例。隨便爲文。其百篇次第。於序孔鄭不同。孔以湯誓在夏社前。於百篇爲第二十六。鄭以爲在臣扈後第二十九。孔以咸有一德次太甲後第四十。鄭以爲在湯誥後第三十二。孔以蔡仲之命次君奭後第八十三。鄭以爲在費誓前第九十六。孔以周官在立政後第八十八。鄭以爲在立政前第八十六。孔以費誓在文侯之命後第九十九。鄭以爲在呂刑前第九十七。不同者。孔依壁內篇次及序爲文。鄭依賈氏所奏別錄爲次。孔未入學官。以此不同。考論次第。孔義是也。

虞書

疏　正義曰。堯典雖曰唐事。本以虞史所錄。末言舜登庸由堯。故追堯作典。非唐史所錄。故謂之虞書也。鄭玄云。舜之美事在於堯時是也。案馬融鄭玄王肅別錄題皆曰虞夏書。以虞夏同科。雖虞事亦連夏。此直言虞書。本無尚書之題也。案鄭序以爲虞夏書二十篇。商書四十篇。周書四十篇。贊云。三科之條。五家之教。是虞夏同科也。其孔於禹貢註云。禹之王以是功。故爲夏書之首。則虞夏別題也。以上爲虞書。則十六篇。又帝告釐沃湯征汝鳩汝方。於鄭玄爲商書。而孔幷於胤征之下。或以爲夏事。猶西伯戡黎。則夏書九篇。商書三十五篇。此與鄭異也。或孔因帝告以下五篇亡。幷註於夏書不廢。猶商書乎。別文所引。皆云虞書曰。夏書曰。無幷言虞夏書者。又伏生雖有一虞夏傳。以外亦有虞傳夏傳。此其所以宜別也。此孔依虞夏各別而存之。莊八年左傳云。夏書曰。皐陶邁種德。僖二十四年左傳引夏書曰。地平天成。二十七年引夏書賦納以言。襄二十六年引夏書曰。與其殺不辜。寧失不經。皆在大禹謨皐陶謨。當云虞書而云夏書者。以事關禹。故引爲夏書。若洪範以爲周書。以箕子至周。商人所陳。而傳引之。即曰商書也。案壁內所得。孔爲傳者。凡五十八篇。爲四十六卷。三十三篇與鄭註同。二十五篇增多鄭註也。其二十五篇者。大禹謨一。五子之歌二。胤征三。仲虺之誥四。湯誥五。伊訓六。太甲三篇九。咸有一德十。說命三篇十三。泰誓三篇十六。武成十七。旅獒十八。微子之命二十九。蔡仲之命二十。周官二十一。君陳二十二。畢命二十三。君牙二十四。冏命二十五。但孔君所傳。値巫蠱不行。以終前漢諸儒。知孔本有五十八篇。不見孔傳。遂有張霸之徒。於鄭注之外。僞造尚書凡二十四篇。以足鄭注三十四篇。爲五十八篇。其數雖與孔同。其篇有異。孔則於伏生所傳二十九篇内。無古文泰誓。除序尚二十八篇。分出舜典。益稷。盤庚二篇。康王之誥。爲三十三。增二十五篇。爲五十八篇。鄭玄則於伏生二十九篇之内。分出盤庚二篇。康王之誥。又泰誓三篇。爲三十四篇。更增益僞書二十四篇。爲五十八。所增益二十四篇者。則鄭注書序舜典一。汨作二。九共九篇十一。大禹謨十二。益稷十三。五子之歌十四。胤征十五。湯誥十六。咸有一德十七。典寶十八。伊訓十九。肆命二十。原命二十一。武成二十二。旅獒二十三。冏命二十四。以此二十四爲十六卷。以九共九篇共卷。除八篇。故爲十六。故藝文志劉向別錄云。五十八篇。藝文志又云。孔安國者。孔子後也。悉得其書。以古文又多十六篇。篇卽卷也。卽是僞書二十四篇也。劉向作別錄。班固作藝文志。並云此言。不見孔傳也。劉歆作三統曆。論武王伐紂。引今文泰誓云。丙午逮師。又引武成越若來。三月五日甲子。咸劉商王受。並不與孔同。亦不見孔傳也。後漢初賈逵奏尚書疏云。流爲烏。是與孔異也。馬融書序云。經傳所引泰誓。泰誓並無此文。又云。逸十六篇。絶無師說。是融亦不見也。服虔杜預註左傳亂其紀綱。並云夏桀時。服虔杜預皆不見也。鄭玄亦不見之。故註書序舜典云。入麓伐木。註五子之歌云。避亂於洛汭。註胤征云。胤征臣名。又註禹貢引胤征云。厥篚玄黃。昭我周王。又註咸有一德云。伊陟臣扈曰。又註典寶引伊訓云。載孚在亳。又曰。征是三朡。又註旅獒云。獒讀曰豪。謂是酋豪之長。又古文有仲虺之誥太甲說命等見在而云亡。其汨作典寶之等一十三篇。見亡而云已逸。是不見古文也。案伏生所傳三十四篇者。謂之今文。則夏侯勝夏侯建歐陽和伯等三家所傳。及後漢末蔡邕所勒石經是也。孔所傳者。膠東庸生劉歆賈逵馬融等所傳是也。鄭玄書贊云。我先師棘子下生安國亦好此學。衛賈馬二三君子之業。則雅才好博。既宣之矣。又云。歐陽氏失其本義。今疾此蔽冒。猶復疑惑未悛。是鄭意師祖孔學傳授膠東庸生劉歆賈逵馬融等學。而賤夏侯歐陽等。何意。鄭註尚書亡逸並與孔異。篇數並與三家同。又劉歆賈逵馬融之等。並傳孔學。云十六篇逸。與安國不同者。良由孔註之後其書散逸。傳註不行。以庸生賈馬之等。惟傳孔學經文三十三篇。故鄭與三家同。以爲古文。而鄭承其後。所註皆同賈逵馬融之學。題曰古文尚書。篇與夏侯等同。而經字多異。夏侯等書。宅嵎夷爲宅嵎鐵。昧谷曰柳谷。心腹腎腸曰憂腎陽。劓刵劓剠云臏宮劓割頭庶剠。是鄭註不同也。三家之學傳孔業者。漢書儒林傳云。安國傳都尉朝子俊。俊傳膠東庸生。生傳清河胡常。常傳徐敖。敖傳王璜。及塗惲。惲傳河南桑欽。至後漢初。衛賈馬亦傳孔學。故書贊云。自世祖興後漢衛賈馬二三君子之業是也。所得傳者。三十三篇古經。

亦無其五十八篇。及傳說。絶無傳者。至晉世王肅註書。始似竊見孔傳。故註亂其紀綱爲夏太康時。又晉書皇甫謐傳云。姑子外弟梁柳邊。得古文尚書。故作帝王世紀。往往載孔傳五十八篇之書。晉書又云。晉太保公鄭沖。以古文授扶風蘇愉。愉字休預。預授天水梁柳。字洪季。卽謐之外弟也。季授城陽臧曹。字彦始。始授郡守子汝南梅賾。字仲眞。又爲豫章內史。遂於前晉奏上其書而施行焉。時已亡失舜典一篇。晉末范甯爲解時。已不得焉。至齊蕭鸞建武四年。姚方興於大航頭得而獻之。議者以爲孔安國之所註也。值方興有罪。事亦隨寢。至隋開皇二年。購募遺典。乃得其篇焉。然孔註之後。歷及後漢之末。無人傳說。至晉之初。猶得存者。雖不列學官。散在民間。事雖久遠。故得猶存。

孔氏傳　傳。卽註也。以傳述爲義。舊說漢已前稱傳。【疏】正義曰。以註者多門。故云某氏。以別衆家。或當時自題孔氏。亦可以後人辨之。

昔在帝堯。聰明文思。光宅天下。【傳】言聖德之遠著。○昔古也。

堯。唐帝名。馬融云。謚也。翼善傳聖曰堯。聰。千公反。思。息嗣反。又如字。下同。著。張慮反。**將遜于位。讓于虞舜**（傳）遜。遁也。老使攝。遂禪之。○遁。本作遯。徒遜反。退也。避也。遂禪。昔時戰反。讓也。授也。**作堯典。**〔疏〕昔在至堯典○正義曰。此序鄭玄馬融王肅並云孔子所作。孔義或然。詩書理不應異。夫子爲書作序。不作詩序者。此自或作或否。無義例也。鄭知孔子作者。依緯文而知也。安國既以同序爲卷。檢此百篇。凡有六十三序。序其九十六篇。明居。咸有一德。立政。無逸。不序所由。直云咎單作明居。伊尹作咸有一德。周公作立政。周公作無逸。六十三序者。若汩作。九共九篇。槀飫。十一篇共序。其咸乂四篇同序。其大禹謨。皐陶謨。益稷。夏社。疑至。臣扈。伊訓。肆命。徂后。太甲三篇。盤庚三篇。說命三篇。泰誓三篇。康誥。酒誥。梓材。二十四篇。皆三篇同序。其帝告。釐沃。汝鳩。汝方。伊陟。原命。高宗肜日。高宗之訓。八篇皆共卷。類同故同序。同序而別篇者。三十三篇。通明居無逸等四篇。爲三十七篇。加六十三。卽百篇也。序者。以序别行。虧爲形勢。言昔日在於帝號堯之時也。此堯身。智無不知。聰也。神無不見。明也。以此聰明之神智。足可以經緯天地。卽文也。又神智之運深。敏於機謀。卽思也。聰明文思。卽其聖性。行之於外。無不備知。故此德充滿。居止於天下而遠著。德既如此。政化有成。天道沖盈。功成者退。以此故將遜遁。避於帝位。以禪其有聖德之虞舜。史序其事而作堯典之篇。言昔在者。鄭玄云。書以堯爲始。獨云昔在。使若無先之典然也。詩云。自古在昔。言在昔者。自下本上之辭。言昔在者。從上自下爲稱。故曰使若無先之者。據代有先之。而書無所先。故云昔也。言帝者。天之一名。所以名帝。帝者。諦也。言天蕩然無心。忘於物我。言公平通遠。舉事審諦。故謂之帝也。五帝道同。於此亦能審諦。故取其名。若然。聖人皆能同天。故曰大人。大人者。與天地合其德。卽三王亦大人。不得稱帝者。以三王雖實聖人。內德同天。而外隨時運。不得盡其聖用。逐迹爲名。故謂之爲王。禮運曰。大道之行。天下爲公。卽帝也。大道既隱。各親其親。卽王也。則聖德無大於天。三皇優於帝。豈過乎天哉。然則三皇亦不能過天。但逐同天之名以爲優劣。五帝有爲而同天。三皇無爲而同天。立名以爲優劣耳。但有爲無爲。亦逐多少以爲分。三王亦順帝之則而不盡。故不得名帝。然天之與帝。義爲一也。人主可得稱帝。不得稱天者。以天隨體而立名。人主不可同天之體也。無由稱天者。以天德立號。王者可以同其德焉。所以可稱於帝。故繼天則謂之天子。其號謂之帝。不得云帝子也。言堯者。孔無明解。案下傳云。虞氏舜名。然堯舜相配爲義。既舜爲名。則堯亦名也。以此而言。禹湯亦名。於下都無所解。而放勳重華文命注隨其事而解其文以爲義。不爲堯舜及禹之名。據此似堯舜及禹與湯相類。名則俱名。不應殊異。案鄭於下亦云虞氏舜名。與孔傳不殊。及鄭注中候云。重華舜名。則舜不得有二名。鄭注禮記云。舜之言充。是以舜爲號謚之名。則下注云。舜名。亦號謚之名也。推此則孔君亦然。何以知之。既湯類堯舜當爲名。而孔注論語曰予小子履云。履。殷湯名。是湯名履。而湯非名也。又此不云堯舜是名。則堯及舜禹非名。於是明矣。既非名。而放勳重華文命。蓋以爲三王之名。同於鄭玄矣。鄭知名者。以帝繫云。禹名文命。以上類之亦名。若然。名本題情記意。必有義者。蓋運命相符。名與運接。所以異於凡乎。或說以其有義。皆以爲字。古代尚質。若名之不顯。何以著字。必不獲已以爲非名非字可也。譙周以堯爲號。皇甫謐以放勳重華文命爲名。案謚法。翼善傳聖曰堯。仁義盛明曰舜。是堯舜謚也。故馬融亦云謚也。又曰。淵源流通曰禹。雲行雨施曰湯。則禹湯亦是謚法。而馬融云。禹湯不在謚法。故疑之。將由謚法或本不同。故有致異。亦可本無禹湯爲謚。後來所加。故或本曰。除虐去殘曰湯。是以異也。檀弓曰。死謚。周道也。周書謚法周公所作。而得有堯舜禹湯者。以周法死後乃追。故謂之爲謚。謚者。累也。累其行而號也。隨其行以名之。則死謚猶生號。因上世之生號。陳之爲死謚。明上代生死同稱。上世質。非至善至惡無號。故與周異。以此堯舜或云號。或云謚也。若然。湯名履。而王侯世本。湯名天乙者。安國意蓋以湯受命之王。依殷法以乙日生。名天乙。至將爲王。又改名爲履。故二名也。亦可。安國不信世本無天乙之名。皇甫謐巧欲傳會。云以乙日生。故名履。字天乙。又云祖乙亦云乙日生。復名乙。引易緯孔子所謂天之錫命。故可同名。既以天乙爲字。何云同名乎。斯又妄矣。號之曰堯者。釋名以爲其尊高堯堯然物莫之先。故謂之堯也。謚法云。翼善傳聖曰堯。堯者。以天下之生善。因善欲禪之。故二八顯升。所謂爲翼。能傳位於聖人。天下爲公。此所以出衆而高也。言聰明者。據人近驗則聽遠爲聰。見微爲明。若離婁之視明也。師曠之聽聰。也。以耳目之聞見喻聖人之智慧兼知天下之事。故在於聞見而已。故以聰明言之。智之所用用於天地。經緯天地謂之文。故以聰明之用爲文。須當其理。故又云思而會理也。經云欽明。此爲聰明者。彼方陳行事。故美其敬。此序其聖性。故稱其聰。隨事而變文。下舜典直云。堯聞之聰明。不云文思者。此將言堯用。故云文思。彼要云舜德。故直云聰明。亦自此而可知也。言光宅者。經傳云。光。充也。不訓宅者。可知也。不於此訓光者。從經爲正也。下將遜于位。傳云遜。遁者。以經無遜字。故在序訓之。○傳言聖德之遠著○正義曰。聖德。解聰明文思。遠著。解光宅天下。○傳老使至禪之○正義曰。老使攝者。解將遜于位。云遂禪之者。解讓于虞舜也。以巳年老。故遜之。使攝之後。功成而禪。禪。卽讓也。言攝者。納於大麓是也。禪者。汝陟帝位是也。雖舜受而攝之。而堯以爲禪。或云汝陟帝位爲攝。因卽直言爲讓。故云遂也。鄭玄云。堯尊如故。舜攝其事。是也。

堯典。傳言堯可爲百代常行之道。疏堯典○正義曰。序巳云作堯典。而重言此者。此是經之篇目。不可因序有名。略其舊題。故諸篇皆重言本目。而就目解之。稱典者。以道可百代常行。若堯舜禪讓聖賢。禹湯傳授子孫。卽是堯舜之道。不可常行。但惟德是與。非賢不授。授賢之事。道可常行。但後王德劣。不能及古耳。然經之與典。俱訓爲常。名典不名經者，以經是總名，包殷周以上，皆可爲後代常法，故以經爲名。典者，經中之別，特指堯舜之德，於常行之内道最爲優，故名典不名經也。其大宰六典及司寇三典者，自由當代常行，與此別矣。

曰若稽古帝堯，傳若，順。稽，考也。能順考古道而行之者，帝堯。曰放勳欽明文思安安。傳勳，功。欽，敬也。言堯放上世之功化，而以敬明文思之四德，安天下之當安者。○放，方往反，註同。徐云：鄭王如字。勳，許云反，功也。馬云：放勳，堯名。皇甫謐同。一云放勳，堯字。欽明文思，馬云：威儀表備謂之欽，照臨四方謂之明，經緯天地謂之文，道德純備謂之思。允恭克讓，光被四表，格于上下。傳允，信。克，能。光，充。格，至也。既有四德。又信恭能讓。故其名聞充溢四外。至于天地。○被。皮寄反。徐扶義反。聞。音問。本亦作問。溢。音逸。[疏]曰若至上下。○正義曰。史將述堯之美。故爲題目之辭曰。能順考校古道而行之者。是帝堯也。又申其順考古道之事曰。此帝堯能放效上世之功。而施其教化。心意恒敬。智慧甚明。發舉則有文謀。思慮則能通敏。以此四德。安天下之當安者。在於已身。則有此四德。其於外接物。又能信實恭勤。善能謙讓。恭則人不敢侮。讓則人莫與爭。由此爲下所服。名譽著聞。聖德美名。充滿被溢於四方之外。又至于上天下地。言其日月所照。霜露所墜。莫不聞其聲名。被其恩澤。此卽稽古之事也。○[傳]若順至帝堯。○正義曰。若。順。釋言文。詩稱考卜惟王。洪範考卜之事。謂之稽疑。是稽爲考。經傳常訓也。爾雅一訓一也。孔所以約文。故數字俱訓。其末以一也結之。又已經訓者。後傳多不重訓。顯見可知。則徑言其義。皆務在省文故也。言順考古道者。古人之道。非無得失。施之當時。又有可否。考其事之是非。知其宜於今世。乃順而行之。言其行可否。順是不順非也。考古者。自已之前。無遠近之限。但事有可取。皆考而順之。今古既異。時政必殊。古事雖不得盡行。又不可頓除古法。故說命曰。事不師古。以克永世。匪說攸聞。是後世爲治。當師古法。雖則聖人必須順古。若空欲追遠。不知考擇。居今行古。更致禍災。若宋襄慕義。師敗身傷。徐偃行仁。國亡家滅。斯乃不考之失。故美其能順考也。鄭玄信緯。訓稽爲同。訓古爲天。言能順天而行之。與之同功。論語稱惟堯則天。詩美文王順帝之則。然則聖人之道。莫不同天合德。豈待同天之語。然後得同之哉。書爲世教。當因之人事。以人繫天。於義無取。且古之爲天。經無此訓。高貴鄉公皆以鄭爲長。非篤論也。○傳勳功至安者。○正義曰。勳。功。欽。敬。釋詁文。此經述上稽古之事。放效上世之功。即是考於古道也。經言放勳。放其功而已。傳兼言化者。據其勳業謂之功。指其教人則爲化。功之與化。所從言之異耳。鄭玄云。敬事節用謂之欽。照臨四方謂之明。經緯天地謂之文。慮深通敏謂之思。孔無明說。當與之同。四者皆在身之德。故謂之四德。凡是臣人。王者皆須安之。故廣言安天下之當安者。所安者。則下文九族百姓萬邦是也。其敬明文思爲此次者。顧氏云。隨便而言。無義例也。知者。此先聰後明。舜典云。明四目。達四聰。先明後聰。故知無例也。今考舜典云。濬哲文明。又先文後明。與此不類。知顧氏爲得也。○傳允信至天地。○正義曰。允。信。格。至。釋詁文。克。能。光。充。釋言文。在身爲德。施之曰行。鄭玄云。不懈於位曰恭。推賢尚善曰讓。恭讓是施行之名。上言堯德。此言堯行。故傳以文次言之。言堯既有敬明文思之四德。又信實恭勤。善能推讓。下人愛其恭讓。傳其德音。故其名遠聞。旁行則充溢四方。上下則至于天地。持身能恭。與人能讓。自己及物。故先恭後讓。恭言信。讓言克。交互其文耳。皆言信實能爲也。傳以溢解被。言其饒多盈溢。故被及之也。表裏內外。相對之言。故以表爲外。向下向上。至有所限。旁行四方。無復限極。故四表言被。上下言至。四外者。以其無限。自內言之。言其至於遠處。正謂四方之外畔者。當如爾雅所謂四海四荒之地也。先四表後上下者。人之聲名。宜先及於人。後被四表。是人先知之。故先言至人。後言至于上下。言至於天地。喻其聲聞遠耳。禮運稱聖人爲政。能使天降膏露。地出醴泉。是名聞遠達。使天地効靈。是亦格于上下之事。

克明俊德。以親九族。（傳）能明俊德之士任用之。以睦高祖玄孫之親。○九族。上自高祖。下至玄孫。凡九族。馬鄭同。

九族既睦。平章百姓。（傳）既。已也。百姓。百官。言化九族而平和章明。

百姓昭明。協和萬邦。黎民於變時雍。（傳）昭。亦明也。協。合。黎。衆。時。是。雍。和也。言天下衆民皆變化從上。是以風俗大和。○黎。力兮反。

[疏]克明至時雍。○正義曰。言堯能名聞廣遠。由其委任賢哲。故復陳之。言堯之爲君也。能尊明俊德之士。使之助巳施化。以此賢臣之化。先令親

其九族之親。九族蒙化。已親睦矣。又使之和協顯明於百官之族姓。百姓蒙化。皆有禮儀照然而明顯矣。又使之合會調和天下之萬國。其萬國之衆人。於是變化從上。是以風俗大和。能使九族敦睦。百姓顯明。萬邦和睦。是安天下之當安者也。○傳能明至之親○正義曰。鄭玄云。俊德。賢才兼人者。然則俊德謂有德。又能明俊德之士者。謂命爲大官。賜之厚祿。用其才智。使之高顯也。以其有德。故任用之。以此賢臣之化。親睦高祖玄孫之親。上至高祖。下及玄孫。是爲九族。同出高曾。皆當親之。故言之親也。禮記喪服小記云。親親以三爲五。以五爲九。又異義。夏侯歐陽等以爲九族者。父族四。母族三。妻族二。皆據異姓有服。鄭玄駁云。異姓之服。不過緦麻。言不廢昏。又昏禮請期云。惟是三族之不虞。恐其廢昏。明非外族也。是鄭與孔同。九族。謂帝之九族。百姓。謂百官族姓。萬邦。謂天下衆民。自内及外。從高至卑。以爲遠近之次也。知九族非民之九族者。以先親九族。次及百姓。百姓。是羣臣弟子。不宜越百姓而先下民。若是民之九族。則九族既睦。民已和矣。下句不當復言協和萬邦。以此知帝之九族也。堯不自親九族。而待臣使之親者。此言用臣法耳。豈有聖人在上。疏其骨肉者乎。若以堯自能親。不待臣化。則化萬邦百姓。堯豈不能化之而待臣化之也。且言親九族者。非徒使帝親之。亦使臣親之。帝亦令其自相親愛。故須臣子之化也。○傳既已至章明。○正義曰。既已義同。故訓既爲巳。經傳之言百姓。或指天下百姓。此下句乃有黎民。故知百姓卽百官也。百官謂之百姓者。隱八年左傳云。天子建德。因生以賜姓。謂建立有德以爲公卿。因其所生之地。而賜之以爲其姓。令其收斂族親。自爲宗主。明王者任賢不任親。故以百姓言之。周官篇云。唐虞稽古建官惟百。大禹謨云。率百官若帝之初。是唐虞之世經文皆稱百官。而禮記明堂位云。有虞氏之官五十。後世所記。不合經也。平章與百姓共文。非九族之事。傳以此經之事。文勢相因。先化九族。乃化百官。故云化九族而平和章明。謂九族與百官皆須導之以德義。平理之使之協和。教之以禮法。章顯之使之明著。○

傳昭亦至大和○正義曰。釋詁以昭爲光。光明義同。經已有明。故云昭亦明也。釋詁以協爲和。和合義同。故訓協爲合也。黎。衆。時。是。釋詁文。雍。和。釋訓文。堯民之變。明其變惡從善。人之所和。惟風俗耳。故知謂天下衆人。皆變化從上。是以風俗大和。人俗大和。即是太平之事也。此經三事相類。古史交互立文。以親言既睦。平章言昭明。協和言時雍。睦即親也。章即明也。雍即和也。各自變文以類相對。平九族使之親。平百姓使之明。正謂使從順禮義。恩情和合。故於萬邦變言協和。明以親九族。平章百姓。亦是協和之也。但九族宜相親睦。百姓宜明禮義。萬邦宜盡和協。各因所宜爲文。其實相通也。民言於變。謂從上化。則九族既睦。百姓昭明。亦是變上。故得睦得明也。

乃命羲和。欽若昊天。曆象日月星辰。敬授人時。傳重黎之後。羲氏和氏。世掌天地四時之官。故堯命之。使敬順昊天。昊天。言元氣廣大。星。

四方中星。辰。日月所會。曆象其分節。敬記天時。以授人也。此舉其目。下別序之。○羲和。馬云。羲氏。掌天官。和氏。掌地官。四子掌四時。昊。胡老反。重。直龍反。少昊之後。黎。高陽之後。日月所會。謂日月交會於十二次也。寅曰析木。卯曰大火。辰曰壽星。巳曰鶉尾。午曰鶉火。未曰鶉首。申曰實沈。酉曰大梁。戌曰降婁。亥曰娵訾。子曰玄枵。丑曰星紀。

分命羲仲。宅嵎夷。曰暘谷。（傳）宅。居也。東表之地稱嵎夷。暘。明也。日出於谷而天下明。故稱暘谷。暘谷。嵎夷。一也。羲仲居治東方之官。○嵎音隅。馬云。嵎。海嵎也。夷。萊夷也。尚書考靈耀及史記。作禺銕。暘音陽。谷工木反。又音欲。下同。馬云。暘谷。海嵎夷之地名。日出於谷。本或作日出於暘谷。暘衍字。寅賓出日。平秩東作。（傳）寅。敬。賓。導。秩。序也。歲起於東而始就耕。謂之東作。東方之官。敬導出日。平均次序東作之事。以務農也。○寅。徐以眞反。又音夷。下同。賓。如字。徐音殯。馬云從也。出。尺遂反。又如字。註同。平。如字。馬作苹。普庚反。云使也。下皆放此。秩。如字。**日中星鳥以殷**

仲春。傳日中。謂春分之日。鳥。南方朱鳥七宿。殷。正也。春分之昬。鳥星畢見。以正仲春之氣節。轉以推季孟則可知。○中。貞仲反。又如字。殷。於勤反。馬鄭云中也。宿。音秀。下同。見。賢遍反。下同。**厥民析。**

鳥獸孳尾。傳冬寒無事。並入室處。春事既起。丁壯就功。厥。其也。言其民老壯分析。乳化曰孳。交接曰尾。○析。星歷反。孳。音字。乳。儒付反。說文云。人及鳥生子曰乳。獸曰産。

申命羲叔宅南交。傳

申重也南交言夏與春交舉一隅以見之此居治南方之官○重直用反

平秩南訛敬致

傳訛化也掌夏之官平敘南方化育之事敬行其教以致其功四時同之亦舉一隅○訛五和反

日永星火以正仲夏

傳永長也謂夏至之日火蒼龍之中星舉中則七星見可知以正仲夏之氣節季孟亦可知

厥民因鳥獸希革

傳因謂老弱因就在田之丁壯以助農也夏時鳥獸毛羽希少改易革改也

分命和仲宅西曰昧谷

傳昧冥也日入於谷而天下冥故曰昧谷昧谷曰西則嵎夷東可

知此居治西方之官，掌秋天之政也。○昧，武内反。冥，莫定反。寅
餞納日，平秩西成。傳餞，送也。日出言導，日入言送，因
事之宜。秋，西方，萬物成，平序其政，助成物。○餞，賤衍反。馬云：滅
也。滅猶沒也。宵中星虛，以殷仲秋。傳宵，夜也。春言日，秋言
夜，互相備。虛，玄武之中星，亦言七星皆以秋分日見，
以正三秋。厥民夷，鳥獸毛毨。傳夷，平也。老壯在田，與
夏平也。毨，理也。毛更生整理。○毛毨，下先典反。說文云：仲秋鳥獸毛盛，可選
取以爲器用也。申命和叔宅朔方，曰幽都。平在朔易。傳北稱
朔，亦稱方，言一方則三方見矣。北稱幽，則南稱明，從

可知也。都謂所聚也。易謂歲改易於北方。平均在察其政，以順天常。上摠言羲和敬順昊天，此分別仲叔各有所掌。○別，彼列反，下同。

日短星昴，以正仲冬。

傳 日短，冬至之日。昴，白虎之中星。亦以七星並見，以正冬之三節。

厥民隩，鳥獸氄毛。

傳 隩，室也。民改歲入此室處，以辟風寒。鳥獸皆生耎毳細毛以自温焉。○隩，於六反。馬云：煖也。氄，如勇反。徐又音耎充反。馬云：温柔皃。辟音避。耎，如兗反。本或作濡，音儒。毳，尺鋭反。

帝曰：咨！汝羲暨和。朞三百有六旬有六日，以閏月定四時成歲。

傳 咨，嗟。暨，與也。匝四時曰朞。一歲十二月，月三十日。

正三百六十日。除小月六爲六日。是爲一歲有餘十二日。未盈三歲。是得一月。則置閏焉。以定四時之氣節。成一歲之曆象。○暨其器反。朞居其反。下同。旬。似遵反。十日爲旬。匝。子合反。

允釐百工庶績咸熙傳允信。釐治。工官。績功。咸皆。熙廣也。言定四時成歲曆。以告時授事。則能信治百官。衆功皆廣。歎其善。○釐力之反。熙。許其反。興也。

疏乃命至咸熙。○正義曰。上言能明俊德。又述能明之事。堯之聖德美政。如上所陳。但聖不必獨理。必須賢輔。堯以須臣之故。乃命有俊明之人羲氏和氏。敬順昊天之命。曆此法象。其日之甲乙。月之大小。昏明遞中之星。日月所會之辰。定其所行之數。以爲一歲之曆。乃依此曆。敬授下人以天時之早晚。其摠爲一歲之曆。其分有四時之異。既舉摠目。更別序之。堯於羲和之內。乃分別命其羲氏而字仲者。令居治東方嵎夷之地也。日所出處。名曰暘明之谷。於此處所主之職。使羲仲主治之。既主東方之事。而日出於東方。令此羲仲。恭敬導引將出之日。平均次序東方耕作之事。使彼下民。務勤種植。於日晝夜中分。刻漏正等。天星朱鳥南方七宿。合昬畢見。以此天之時候。調正仲春之氣節。此時農事已起。不居室內。其時之民。宜分析適野。老弱居室。丁壯就功。於時鳥獸皆孕胎卵。孳尾匹合。又就所分羲氏之內。重命其羲氏而字叔者。使之居治南方之職。又於天分南方與東交。立夏以至立秋時之事。皆主之。均平次序南方化育之事。敬行其教以致其功。於日正長。晝漏最多。天星大火東方七宿。合昬畢見。以此天時之候。調正仲夏之氣節。於時苗稼已殖。農事尤煩。其時之民。老弱因共丁壯就在田野。於時鳥獸羽毛希少。變改寒時。又分命和氏而字仲者。居治西方日所入處。名曰昧冥之谷。於此處所主之職。使和仲主治之。既主西方之事。而日入在於西方。令此和仲恭敬從送既入之日。平均次序西方成物之事。使彼下民。務勤收斂。於晝夜中分。漏刻正等。天星之虛比方七宿。合昬畢見。以此天時之候。調正仲秋之氣節。於時禾苗秀實。農事未閑。其時之民。與夏齊平。盡在田野。於時鳥獸毛羽更生。已稍整治。又重命和氏而字叔者。令居治北方名曰幽都之地。於此處所主之職。使和叔主治之。平均視察北方歲改之事。於日正短。晝漏最少。天星之昴西方七宿合昬畢見。以此天時之候。調正仲冬之氣節。於時禾稼已入。農事閑暇。其時之人。皆處深隩之室。鳥獸皆生耎毳細毛。以自温煖。此是羲和敬天授人之實事也。羲和所掌如是。故帝堯乃述而歎之曰。咨嗟。汝羲仲。羲叔。與和仲。和叔。一朞之間。三百有六旬有六日。分爲十二月。則餘日不盡。令氣朔參差。若以閏月補闕。令氣朔得正。定四時之氣節。成一歲之曆象。是汝之美可歎也。又以此歲曆告時授事。信能和治百官。使之衆功皆廣也。歎美羲和能敬天之節。衆功皆廣。則是風俗大和。○傳重黎至序之○正義曰。楚語云。少昊氏之衰。九黎亂德。人神雜擾。不可方物。顓頊受之。乃命南正重司天。以屬神。火正黎司地。以屬民。使復舊常。無相侵瀆。其後三苗復九黎之德。堯復育重黎之後。不忘舊者。使復典之。以至于夏商。據此文則自堯及商。無他姓也。堯育重黎之後。是此羲和可知。是羲和爲重黎之後。世掌天地之官。文所出也。呂刑先重後黎。此文先羲後和。揚子法言云。羲近重。和近黎。是羲承重而和承黎矣。呂刑稱乃命重黎。與此命羲和爲一事也。故呂刑傳云。重即羲也。黎即和也。羲和雖別爲氏族。而出自重黎。故呂刑以重黎言之。鄭語云。爲高辛氏火正。則高辛亦命重黎。故鄭玄於此注云。高辛氏世命重爲南正司天。黎爲火正司地。據世掌之文。用楚語爲說也。楚世家云。重黎爲帝嚳火正。能光融天下。帝嚳命曰祝融。共工氏作亂。帝嚳使重黎誅之而不盡。帝乃以庚寅日誅重黎。而以其弟吳回爲重黎。復居火正爲祝融。案昭二十九年左傳稱少昊氏有子曰重。顓頊氏有子曰黎。則重黎二人。各出一帝。而史記幷以重黎爲楚國之祖。吳回爲重黎。以重黎爲官號。此乃史記之謬。故束皙譏馬遷并兩人以爲一。謂此是也。左傳稱重爲句芒。黎爲祝融。不言何帝使爲此官。但黎是顓項之子。其爲祝融。必在顓項之世。重雖少昊之胤。而與黎同命。明使重爲句芒。亦是顓項時也。祝融火官。可得稱爲火正。句芒木官。不應號爲南正。且木不主天。火不主地。而外傳稱顓項命南正司天火正司地者。蓋使木官兼掌天。火官兼掌地。南爲陽位。故掌天謂之南正。黎稱本官。故掌地猶爲火正。鄭荅趙商云。先師以來。皆云火掌爲地。當云黎爲北正。孔無明說。未必然也。昭十七年左傳。郯子稱少昊氏以鳥名官。自顓項以來。乃命以民事。句芒祝融。皆以人事爲官。明此當顓項之時也。傳言少昊氏有四叔。當爲後代子孫。非親子也。何則。傳稱共工氏有子曰句龍。共工氏在顓項之前。多歷年代。豈復共工氏親子至顓項時乎。明知少昊四叔。亦非親子。高辛所命重黎。或是重黎子孫。未必一人能歷二代。又高辛前命後誅。當是異人。何有罪而誅。不容列在祀典。明是重黎之後。世以重黎爲號。所誅重黎。是有功重黎之子孫也。呂刑說羲和之事。猶尚謂之重黎。況彼尚近重黎。何故不得稱之。以此知異世重黎。號同人別。顓頊命重司天。黎司地。羲氏掌天。和氏掌地。其實重黎羲和通掌之也。此云乃命羲和。欽若昊天。是羲和二氏共掌天地之事。以乾坤相配。天地相成。運立施化者天。資生成物者地。天之功成。其見在地。故下言日中星鳥之類。是天事也。平秩東作之類。是地事也。各分掌其時。非別職矣。案楚語云。重司天以屬神。黎司地以屬人。天地既別。人神又殊。而云通掌之者。外傳之文。說呂刑之義。以爲少昊之衰。天地相通。人神雜擾。顓頊乃命重黎分而異之。以解絶地天通之言。故云各有所掌。天地相通。人神雜擾。見其能離絶天地。變異人神耳。非即別掌之。下文別序所掌。則羲主春夏。和主秋冬。俱掌天時。明其共職。彼又言至于夏商。世掌天地。亂征云。羲和湎淫。廢時亂日。不知日食。羲和同罪。明其世掌天地。共職可知。顓頊命掌天地。惟重黎二人。堯命羲和。則仲叔四人者。以羲和二氏賢者既多。且後代稍文。故分掌其職事。四人各職一時。兼職方岳。

以有四岳。故用四人。顓頊之命重黎。惟司天地。主岳與否。不可得知。設令亦主方岳。蓋重黎二人。分主東西也。馬融鄭玄皆以此命羲和者。命爲天地之官。下云分命申命。爲四時之職。天地之與四時。於周則冢宰司徒之屬。六卿是也。孔言此舉其目。下別序之。則惟命四人。無六官也。下傳云。四岳即羲和四子。舜典傳稱禹益六人。新命有職。與四岳十二牧。凡爲二十二人。然新命之六人。禹命爲百揆。契作司徒。伯夷爲秩宗。皋陶爲士。垂作共工。亦禹契之輩。即是卿官。卿官之外。別有四岳。四岳非卿官也。孔意以羲和非是卿官。別掌天地。但天地行於四時。四時位在四方。平秩四時之人。因主方岳之事。猶自別有卿官分掌諸職。左傳稱少昊氏以鳥名官。五鳩氏即周世之卿官也。五鳩之外。別有鳳鳥氏曆正也。班在五鳩之上。是上代以來。皆重曆數。故知堯於卿官之外。別命羲和掌天地也。於時羲和似尊於諸卿。後世以來。稍益卑賤。周禮太史掌正歲年以序事。即古羲和之任也。桓十七年左傳云。日官居卿以底日。猶尚尊其所掌。周之卿官。明是堯時重之。故特言乃命羲和。此乃命羲和。重述克明俊德之事。得致雍和所由。已上論堯聖性。此說堯之任賢。據堯身而言用臣。故云乃命。非時雍之後。方始命之使敬順昊天。昊天者。混元之氣。昊然廣大。故謂之昊天也。釋天云。春爲蒼天。夏爲昊天。秋爲旻天。冬爲上天。毛詩傳云。尊而君之。則稱皇天。元氣廣大。則稱昊天。仁覆閔下。則稱旻天。自下降監。則稱上天。據遠視之蒼蒼然。則稱蒼天。爾雅四時異名。詩傳卽隨事立稱。鄭玄讀爾雅云春爲昊天。夏爲蒼天。故駁異義云。春氣博施。故以廣大言之。夏氣高明。故以遠言之。秋氣或生或殺。故以閔下言之。冬氣閉藏而清察。故以監下言之。皇天者。尊而號之也。六籍之中。諸稱天者。以情所求言之耳。非必於其時稱之。然此言堯敬大四天。故以廣大言之。星。四方中星者。二十八宿。布在四方。隨天轉運。更互在南方。每月各有中者。月令每月昏旦。推舉一星之中。若使每日視之。卽諸宿每日昏旦莫不當中。中則人皆見之。故以中星表宿。四方中星。揔謂二十八宿也。或以書傳云。主春者張。昏中可以種穀。主夏者火。昏中可以種黍。主秋者虛。昏中可以種麥。主冬者昴。昏中可以收斂。皆云上告天子。下賦臣人。天子南面而視四方星之中。知人緩急。故曰敬授人時。謂此四方中星。如書傳之說。孔於虛昴諸星。本無取中之事。用書傳爲孔說。非其旨矣。辰。日月所會者。昭七年左傳士文伯對晉侯之辭也。日行遲。月行疾。每月之朔。月行及日而與之會。其必在宿分。二十八宿。是日月所會之處。辰。時也。集會有時。故謂之辰。日月所會。與四方中星。俱是二十八宿。舉其人目所見。以星言之。論其日月所會。以辰言之。其實一物。故星辰共文。益稷稱古人之象。日月星辰。共爲一象。由其實同故也。日月與星。天之三光。四時變化。以此爲政。故命羲和。令以算術推步。累歷其所行。法象其所在。具有分數節候。參差不等。敬記此天時。以爲曆而授人。此言星辰。共爲一物。周禮大宗伯云。實柴祀日月星辰。鄭玄云。星。謂五緯。辰。謂日月所會十二次者。以星辰爲二者。五緯與二十八宿。俱是天星。天之神祇。禮無不祭。故鄭玄隨事而分之。以此敬授人時。無取五緯之義。故鄭玄於此注。亦以星辰爲一。觀文爲說也。然則五星與日月皆別行。不與二十八宿同爲不動也。○傳宅居至之宮

○正義曰。宅。居。釋言文。禹貢青州云。嵎夷既略。青州在東。界外之畔爲表。故云東表之地稱嵎夷也。陰陽相對。陰闇而陽明也。故以暘爲明。谷無陰陽之異。以日出於谷而天下皆明。故謂日出之處爲暘谷。冬南夏北。不常厥處。但日由空道。似行自谷。故以谷言之。非實有深谷。而日從谷以出也。據日所出。謂之暘谷。指其地名。卽稱嵎夷。故云暘谷嵎夷一也。又解居者。居其官。不居其地。故云羲仲居治東方之官。此言分命者。上云乃命羲和。摠舉其目。就乃命之內。分其職掌。使羲主春夏。和主秋冬。分一歲而別掌之。故言分命。就羲和之內。又重分之。故於夏變言申命。既命仲而復命叔。是其重命之也。所命無伯季者。蓋時無伯季。或有而不賢。則外傳稱堯育重黎之後。不忘舊者。使復典之。明仲叔能守舊業。故命之也。此羲和掌序天地。兼知人事。因主四時而分主四方。故舉東表之

地。以明所舉之域。地東舉嵎夷之名。明分三方皆宜有地名。此爲其始。故特詳舉其文。羲仲居治東方之官。居在帝都而遥統領之。王肅云。皆居京師而統之。亦有時述職。是其事也。以春位在東。因治於東方。其實本主四方春政。故於和仲之下。云此居治西方之官。掌秋天之政。明此掌春天之政。孔以經事詳。故就下文而互發之。○傳寅敬至務農。○正義曰。寅。敬也。釋詁文。賓者主行導引。故賓爲導也。釋詁以秩爲常。常卽次第有序。故秩爲序也。一歲之事。在東則耕作。在南則化育。在西則成熟。在北則改易。故以方名配歲事爲文。言順天時氣以勸課人務也。春則生物。秋則成物。日之出也。物始生長。人當順其生長。致力耕耘。日之入也。物皆成熟。人當順其成熟。致力收斂。東方之官。當恭敬導引日出。平秩東作之事。使人耕耘。西方之官。當恭敬從送日入。平秩西成之事。使人收斂。日之出入。自是其常。但由日出入。故物有生成。雖氣能生物。而非人不就。勤於耕稼。是導引之。勤於收藏。是從送之。冬、夏之文無此類者。南北二方。非日所出入。下秩南訛。亦是導日之事。平在朔易。亦是送日之事。依此春秋而共爲寅餞。故冬夏二時。無此一句。勸課下民。皆使致力。是敬導之。平均次序。即是授人田里。各有疆埸。是平均之也。耕種收斂。使不失其次序。王者以農爲重。經主於農事。寅賓出日。爲平秩設文。故幷解之也。言敬導出日者。正謂平秩次序東作之事以務農也。鄭以作爲生。計秋言西成。春宜言東生。但四時之功。皆須作力。不可不言力作。直說生成。明此以歲事初起時言東作。以見四時亦當力作。故孔以耕作解之。鄭玄云。寅賓出日。謂春分朝日。又以寅餞納日。謂秋分夕日也。○傳日中至可知。○正義曰。其仲春。仲秋。冬至。夏至。馬融云。古制刻漏。晝夜百刻。晝長六十刻。夜短四十刻。晝短四十刻。夜長六十刻。晝中五十刻。夜亦五十刻。融之此言。據日出見爲說。天之晝夜。以日出入爲分。人之晝夜。以昏明爲限。日未出前二刻半爲明。日入後二刻半爲昏。損夜五刻以裨於晝。則晝多於夜。復校五刻。古今曆術。與太史所候。皆云夏至之晝六十五刻。夜三十五刻。冬至之晝四十五刻。夜五十五刻。春分秋分之晝五十五刻。夜四十五刻。此其不易之法也。然今太史細候之法。則校常法半刻也。從春分至于夏至。晝暫長。增九刻半。夏至至于秋分。所減亦如之。從秋分至于冬至。晝漸短。減十刻半。從冬至至于春分。其增亦如之。又於每氣之間。增減刻數。有多有少。不可通而爲率。漢初未能審知。率九日增減一刻。和帝時。待詔霍融始請改之。鄭注書緯考靈曜。仍云九日增減一刻。猶尚未覺誤也。鄭注此云日長者。日見之漏五十五刻。日短者。日見之漏四十五刻。與曆不同。故王肅難云。知日見之漏。減晝漏五刻。不意馬融爲傳已減之矣。因馬融所減而又減之。故日長爲五十五刻。因以冬至反之。取其夏至夜刻以爲冬至晝短。此其所以誤耳。鳥。南方朱鳥七宿者。在天成象。星作鳥形。曲禮說軍陳象天之行。前朱雀。後玄武。左青龍。右白虎。雀即鳥也。武謂龜甲捍禦。故變文玄武焉。是天星有龍虎鳥龜之形也。四方皆有七宿。各成一形。東方成龍形。西方成虎形。皆南首而北尾。南方成鳥形。北方成龜形。

皆西首而東尾。以南方之宿象鳥。故言鳥謂朱鳥七宿也。此經舉宿。爲文不類。春言星鳥。摠舉七宿。夏言星火。獨指房心。虚昴惟舉一宿。文不同者。互相通也。釋言以殷爲中。中正義同。故殷爲正也。此經冬夏言正。春秋言殷者。其義同。春分之昏。觀鳥星畢見。以正仲春之氣節。計仲春日在奎婁而入於酉地。則初昏之時。井鬼在午。柳星張在巳。軫翼在辰。是朱鳥七宿皆得見也。春有三月。此經直云仲春。故傳辨之云。既正仲春。轉以推季孟之月。則事亦可知也。天道左旋。日體右行。故星見之方。與四時相逆。春則南方見。夏則東方見。秋則北方見。冬則西方見。此則勢自當然。而書緯爲文生説。言春夏相與交。秋冬相與互。謂之母成子。子助母。斯假妄之談耳。馬融鄭玄以爲星鳥星火。謂正在南方。春分之昏七星中。仲夏之昏心星中。秋分之昏虚星中。冬至之昏昴星中。皆舉正中之星。不爲一方盡見。此其與孔異也。至于舉仲月以統一時。亦與孔同。王肅亦以星鳥之屬。爲昏中之星。其要異者。以所宅爲孟月。日中日永爲仲月。星鳥星火爲季月。以殷以正。皆揔三時之月。讀仲爲中。言各正三月之中氣也。以馬融鄭玄之言。不合天象。星火之屬。仲月未中。故爲每時皆歷陳三月。言日以正仲春。以正春之三月中氣。若正春之三月中。當言以正春中。否應言以正仲春。王氏之說非文勢也。孔氏直取畢見。稍爲迂闊。比諸王馬。於理最優。○傳冬寒至曰尾。○正義曰。厥其。釋言文。其人老弱在室。丁壯適野。是老壯分析也。孳字。古今同耳。字訓愛也。產生爲乳。胎孕爲化。孕產必愛之。故乳化曰孳。鳥獸皆以尾交接。故交接曰尾。計當先尾後孳。隨便言之。○傳申重至之官。○正義曰。申重。釋詁文。此官既主四時。亦主方面。經言南交。謂南方與東方交。傳言夏與春交。見其時方皆掌之。春盡之日。與立夏之初。時相交也。東方之南。南方之東。位相交也。言羲叔所掌。與羲仲相交際也。四時皆舉仲月之候。嫌其不統季孟。於此言交。明四時皆然。故傳言舉一隅以見之。春上無冬。不得見其交接。至是夏與春交。故此言之。○傳訛化至一隅。○正義曰。訛化。釋言文。禾苗秀穗。化成子實。亦胎生乳化之類。故掌夏之官。平序南方化育之事。謂勸課民耘耨使苗得秀實。敬行其教以致其功。謂敬行平秩之教。以致化育之功。農功歲終乃畢。敬行四時皆同。於此言之。見四時皆然。故云亦舉一隅也。夏日農功尤急。故就此言之。○傳永長至可知○正義曰。永長釋詁文。夏至之日。日最長。故知謂夏至之日。計七宿房在其中。但房心連體。心統其名。左傳言火中火見。詩稱七月流火。皆指房心爲火。故曰火。蒼龍之中星。特舉一星。與鳥不類。故云舉中則七星見可知。計仲夏日在東井而入于酉地。卽初昏之時。角亢在午。氐房心在巳。尾箕在辰。是東方七宿皆得見也。○傳因謂至革改○正義曰。春既分析在外。今日因往就之。故言因。謂老弱因就在田之丁壯以務農也。鳥獸冬毛最多。春猶未脫。故至夏始毛羽希少。改易往前。革謂變革。故爲改也。傳之訓字。或先或後。無義例也。○傳昧冥至之政○正義曰。釋言云。晦冥也。冥是暗。故昧爲冥也。谷者。日所行之道。日入於谷而天下皆冥。故謂日入之處爲昧谷。非實有谷而日入也。

此經春秋相對。春不言東。但舉昧谷曰西。則嵎夷東可知。然則東言嵎夷。則西亦有地明矣。闕其文。所以互見之。傳於春言東方之官。不言掌春。夏言掌夏之官。不言南方。此言居治西方之官。掌秋天之政。互文明四時皆同。○傳餞送至成物。○正義曰。送行飲酒謂之餞。故餞爲送也。導者引前之言。送者從後之稱。因其欲出。導而引之。因其欲入。從而送之。是其因事之宜而立此文也。秋位在西。於時萬物成熟。平序其秋天之政。未成則耘耔。既熟則收斂。助天成物。以此而從送入日也。納入義同。故傳以入解納。○傳宵夜至三秋。○正義曰。宵。夜。釋言文。舍人曰。宵。陽氣消也。三時皆言日。惟秋言夜。故傳辨之云。春言日。秋言夜。互相備也。互著明也。明日中宵亦中。宵中日亦中。因此而推之。足知日永則宵短。日短則宵長。皆以此而備知也。正於此時變文者。以春之與秋。日夜皆等。春言出日。卽以日言之。秋云納日。卽以夜言之。亦事之宜也。北方七宿。則虛爲中。故虛爲玄武之中星。計仲秋日在角亢而入于酉地。初昏之時。斗牛在午。女虛危在巳。室壁在辰。舉虛中星言之。亦言七星皆以秋分之日昏時並見。以正秋之三月。○傳夷平至整理○正義曰。釋詁云。夷。平。易也。俱訓爲易。是夷得爲平。秋禾未熟。農事猶煩。故老壯在田。與夏平也。毨者。毛羽美悅之狀。故爲理也。夏時毛羽希少。今則毛羽復生。夏晚而少。秋更生多。故言更生整理。○傳北稱至所掌○正義曰。釋訓云。朔。北方也。舍人曰。朔。盡也。北方萬物盡。故言朔也。李巡曰。萬物盡於北方。蘇而復生。故言北方。是北稱朔也。羲和主四方之官。四時皆應言方。於此言方者。即三方皆見矣。春爲歲首。故舉地名。夏與春交。故言南交。秋言西。以見嵎夷當爲東。冬言方。以見三時皆有方。古史要約。其文互相發見也。幽之與明。文恒相對。北既稱幽。則南當稱明。從此可知。故於夏無文。經冬言幽都。夏當云明都。傳不言都者。從可知也。鄭云。夏不言曰明都三字。摩滅也。伏生所誦。與壁中舊本並無此字。非摩滅也。王肅以夏無明都避敬致。然即幽足見明。闕文相避。如肅之言。義可通矣。都。謂所聚者。摠言北方是萬物所聚之處。

非指都邑聚居也。易謂歲改易於北方者。人則三時在野。冬入隩室。物則三時生長。冬入囷倉。是人之與物皆改易也。王肅云。改易者。謹約蓋藏。循行積聚。引詩嗟我婦子。曰爲改歲。入此室處。王肅言人物皆易。孔意亦當然也。釋詁云。在。察也。舍人曰。在見物之察。是在爲察義。故言平均在察其政以順天常。以在察須與平均連言。不復訓在爲察。故舜典之傳別更訓之。三時皆言平秩。此獨言平在者。以三時乃役力田野。當次序之。冬則物皆藏入。須省察之。故異其文。秋日物成就。故傳言助成物。冬日蓋藏。天之常道。故言順天常。因明東作南訛亦是助生物。順常道也。上摠言義和敬順昊天。此分别仲叔各有所掌。明此四時之節。即順天之政實。恐人以敬順昊天直是曆象日月。嫌仲叔所掌非順天之事。故重明之。○傳隩室至溫焉。○正義曰。釋宫云。西南隅謂之隩。孫炎云。室中隱隩之處也。隩是室内之名。故以隩爲室也。物生皆盡。野功成畢。是歲改矣。以天氣改歲。故入此室處。以避風寒。天氣既至。故鳥獸皆生耎毳細毛以自溫焉。

經言氄毛。謂附肉細毛。故以耎毛解之。○傳咨嗟至曆象○正義曰。咨。嗟。暨。與。皆釋詁文也。匝四時曰朞。朞。即匝也。故王肅云。朞。四時是也。然古時眞曆。遭戰國及秦而亡。漢存六曆。雖詳於五紀之論。皆秦漢之際。假託爲之。實不得正要有梗槩之言。周天三百六十五度四分度之一。而日日行一度。則一朞三百六十五日四分日之一。今考靈曜乾鑿度諸緯皆然。此言三百六十六日者。王肅云。四分日之一。又入六日之内。舉全數以言之。故云三百六十六日也。傳又解所以須置閏之意。皆據大率以言之。云一歲十二月。月三十日。正三百六十日也。除小月六。又爲六日。今經云三百六十六日。故云餘十二日。不成朞。以一月不整三十日。今一年餘十二日。故未至盈滿三歲。是得一月。則置閏也。以時分於歲。故云氣節。謂二十四氣。時月之節。歲摠於時。故云曆象日月星辰。敬授人時。以相配成也。六曆諸緯與周髀皆云日行一度。月行十三度十九分度之七。爲每月二十九日過半。日之於法。分爲日九百四十分日之四百九十九。即月有二十九日半强。爲十二月六大之外。有餘分三百四十八。是除小月無六日。又大歲三百六十六日。小歲三百五十五日。則一歲所餘。無十二日。今言十二日者。皆以大率據整而計之。其實一歲所餘。正十一日弱也。以爲十九年七閏。十九年。年十一日。則二百九日。其七月四大三小。猶二百七日。況無四大乎。爲每年十一日弱分明矣。所以弱者。以四分日之一於九百四十分。則一分爲二百三十五分。少於小月餘分三百四十八。以二百三十五。減三百四十八。不盡一百一十三。是四分日之一餘矣。皆以五日爲率。其小月雖爲歲日殘分所減。猶餘一百一十三。則實餘尚無六日。就六日抽一日。爲九百四十分。減其一百一十三分。不盡八百二十七分。以不抽者五日。幷三百六十日外之五日爲十日。其餘九百四十分日之八百二十七。爲每歲之實餘。今十九年。年十日。得整日一百九十。又以十九乘八百二十七分。得一萬五千七百一十三。以日法九百四十除之。得十六日。以幷一百九十日。爲二百六日。不盡六百七十三分爲日餘。今爲閏月得七。每月二十九日。七月爲二百三日。又每四百九十九分。以七乘之。得三千四百九十三。以日法九百四十分除之。得三日。以二百三日亦爲二百六日。不盡亦六百七十三爲日餘。亦相當矣。所以無閏時不定歲不成者。若以閏無三年差一月。則以正月爲二月。每月皆差。九年差三月。卽以春爲夏。若十七年差六月。卽四時相反。時何由定。歲何得成乎。故須置閏以定四時。故左傳云。履端於始。序則不愆。舉正於中。民則不惑。歸餘於終。事則不悖。是也。先王以重閏焉。王肅云。斗之所建。是爲中氣。日月所在。斗指兩辰之間。無中氣。故以爲閏也。○傳允信至其善。○正義曰。釋訓云。鬼之爲言歸也。鄉飲酒義云。春之爲言蠢也。然則釋訓之例。有以聲相近而訓其義者。釐。治。工。官。皆以聲近爲訓。他皆倣此類也。績。功。咸。皆。釋詁文。熙。廣。周語文。此經文義承成歲之下。傳以文勢次之。言定曆授事。能使衆功皆廣。歎其善。謂帝歎羲和之功也。

帝曰。疇咨若時登庸。傳疇。誰。庸。用也。誰能咸熙庶績順是事者將登用之。○疇，直由反。**放齊曰：胤子朱啓明。帝曰：吁！嚚訟，可乎？**傳放齊，臣名。胤，國。子，爵。朱，名。啓，開也。吁，疑怪之辭。言不忠信爲嚚，又好爭訟，可乎？言不可。○放，方往反，注同。胤，引信反，馬云：嗣也。吁，況于反，徐往付反，一音于。嚚，魚巾反。訟，才用反，馬本作庸。好，呼報反，下注同。爭鬬也。**帝曰：疇咨若予采？**傳采，事也。復求誰能順我事者。○予，音餘，又羊汝反。采，七在反，馬云：官也。復，扶又反。**驩兜曰：**驩兜，臣名。都，於，歎美之辭。共工，**都！共工方鳩僝功。**傳官稱。鳩，聚。僝，見也。歎共工能方方聚見其功。○驩，呼端反。兜，丁侯反。共，音恭，注同。僝，仕簡反，徐音撰，馬云：具也。於，音烏。稱，尺證反。**帝曰：吁！靜言庸違，**

象恭滔天。傳靜謀滔漫也。言共工自爲謀言。起用行事而違背之。貌象恭敬。而心傲很。若漫天。言不可用。○滔，吐刀反。漫，末旦反。下同。又末寒反。背，音佩。傲，五報反。下同。很，恨懇反。

帝曰咨四岳。傳四岳，卽上羲和之四子。分掌四岳之諸侯。故稱焉。

湯湯洪水方割。傳湯湯，流貌。洪，大。割，害也。言大水方方爲害。○湯，音傷。洪，音戶工反。

蕩蕩懷山襄陵浩浩滔天。傳蕩蕩，言水奔突有所滌除。懷，包。襄，上也。包山上陵，浩浩盛大若漫天。○浩，胡老反。滌，大歷反。上，時掌反。

下民其咨有能俾乂。傳俾，使。乂，治也。言民咨嗟憂愁，病水困苦，故問四岳，有

萬曆十五年刊　尚書疏卷二　二十六

能治者將使之。○俾，必爾反。**僉曰：於！鯀哉。**傳僉，皆也。鯀，崇伯之名。朝臣舉之。○僉，七廉反，又七劒反。於，音烏。鯀，故本反。馬云：禹父也。朝，直遙反。**帝曰：吁！咈哉！方命圮族。**傳凡言吁者，皆非帝意。咈，戾。圮，毁。族，類也。言鯀性很戾，好比方名，命而行事，輒毁敗善類。○咈，扶弗反，忿戾也。方，如字，馬云：方，故也。徐云：鄭、王音放。圮，音皮美反。戾，音力計反。**岳曰：异哉！試可乃已。**傳异，已也，退也。言餘人盡已，唯鯀可試，無成乃退。○异，徐云：鄭音異，孔、王音怡。**帝曰：往，欽哉！**傳勑鯀往治水，命使敬其事。堯知其性很戾圮族，未明其所能，而據衆言可試，故遂用之。**九載，績用弗成。**傳載，年也。三考九年。功用不成。則放退之。疏帝曰疇咨若予至九載績用弗成。○正義曰。史又敘堯事。堯任羲和。衆功已廣。及其末年。羣官有闕。復求賢人。欲任用之。帝曰。誰乎。咨嗟。嗟人之難得也。有人能順此咸熙庶績之事者。我將登而用之。有臣放齊者。對帝曰。有胤國子爵之君。其名曰朱。其人心志開達。性識明悟。言此人可登用也。帝疑怪歎之曰。吁。此人既頑且嚚。又好爭訟。豈可用乎。言不可也。史又記堯復求人。帝曰。誰乎。咨嗟。嗟人之難得也。今有人能順我事者否乎。言有卽欲用之也。有臣驩兜者。對帝曰。嗚呼。歎有人之大賢也。帝臣共工之官者。此人於所在之方。能立事業。聚見其功。言此人可用也。帝亦疑怪之曰。吁。此人自作謀計之言。及起用行事而背違之。貌象恭敬。而心傲狠若漫天。言此人不可用也。頻頻求人。無當帝意。於是洪水爲災。求人治之。帝曰。咨嗟。嗟水災之大也。呼掌岳之官而告以須人之意。汝四岳等。今湯湯流行之水。所在方方爲害。又其勢奔突。蕩蕩然滌除在地之物。包襄高山乘上丘陵浩浩盛大勢若漫天在下之人其皆咨嗟困病其水矣有能治者將使治之羣臣皆曰嗚呼歎其有人之能惟鯀堪能治之帝又疑怪之曰吁其人心狠戾哉好此方直之名命而行事輒毀敗善類言其不可使也朝臣已共薦舉四岳又復然之岳曰帝若謂鯀爲不可餘人悉皆已哉言不及鯀也惟鯀一人試之可也試若無功乃黜退之言洪水必須速治餘人不復及鯀故勸帝用之帝以羣臣固請不得已而用之乃告勑鯀曰汝往治水當敬其事哉鯀治水九載已經三考而功用不成言帝實知人而朝無賢臣致使水害未除待舜乃治此經三言求人未必一時之事但歷言朝臣不賢爲求舜張本故也

○傳疇誰至用之○正義曰疇誰釋詁文庸聲近用故爲用也馬融以羲和爲卿官堯之末年皆以老死庶績多闕故求賢順四時之職欲用以代羲和孔於下傳云四岳即上羲和之四子帝就羲和求賢則所求者別代他官不代羲氏和氏孔以羲和掌天地之官正在敬順昊天告時授事而已其施政者乃是百

官之事。非復羲和之職。但羲和告時授事。流行百官。使百官庶績咸熙。今云咸熙庶績順是事者。指謂求代百官之闕。非求代羲和也。此經文承庶績之下而言順是事者。故孔以文勢次之。此言誰能咸熙庶績順是事者。將登用之。蓋求卿士用任也。計堯即位至洪水之時。六十餘年。百官有闕。皆應求代。求得賢者。則史亦不錄。不當帝意。乃始錄之。爲求舜張本。故惟帝求一人。放齊以一人對之。非六十餘年止求一人也。堯以聖德在位。庶績咸熙。蓋應久矣。此繼咸熙之下。非知早晚求之。史自歷序其事。不必與治水同時也。計四岳職掌天地。當是朝臣之首。下文求治水者。帝咨四岳。此不言咨四岳者。帝求賢者。固當博訪朝臣。但史以有岳對者。言咨四岳。此不言咨者。但此無岳對。故不言耳。○傳放齊至不可。○正義曰。以放齊舉人對帝。故知臣名。爲名爲字。不可得知。傳言名者。辯此是爲臣之名號耳。未必是臣之名也。夏王仲康之時。胤侯命掌六師。顧命陳寶有胤之舞衣。故知古有胤國。胤既是國。自然子爲爵。朱爲名也。馬融鄭玄以爲帝之胤子曰朱也。求官而薦太子。太子下愚。以爲啓明。揆之人情。必不然矣。啓之爲開。書傳通訓。言此人心志開解而明達。吁者。必有所嫌而爲此聲。故以爲疑怪之辭。僖二十四年左傳曰。口不道忠信之言爲嚚。是言不忠信爲嚚也。其人心既頑嚚。又好爭訟。此實不可。而帝云可乎。故吁聲而反之。可乎。言不可也。唐堯聖明之主。應任賢哲。放齊聖朝之臣。當非庸品。人有善惡。無容不知。稱嚚訟以爲啓明。舉愚臣以對聖帝。何哉。將以知人不易。人不易知。密意深心固難照察。胤子矯飾容貌。但以惑人。放齊內少鑒明。未能圓備。謂其實可任用。故承意舉之。以帝堯之聖。乃知其嚚訟之事。放齊所不知也。驩兜薦舉共工。以爲比周之惡。謂之四凶。投之遠裔。放齊舉胤子不爲凶人者。胤子雖有嚚訟之失。不至滔天之罪。放齊謂之實賢。非是苟爲阿比。驩兜則志不在公。私相朋黨。共工行背其言。心反於貌。其罪並深。俱被流放。其意異於放齊舉胤子故也。○傳采事至事者。○正義曰。采事。釋詁文。上已求順時不得其人。故復求順我事者。順時順事。其義一也。史以上承庶績之下。故言順時。謂順是庶績之事。此不可復同前文。故變言順我帝事。其意亦如前經當求卿士之任也。順我事之下。亦宜有登用之言。上文已具。故於此略之。○傳驩兜至其功○正義曰。驩兜亦舉人對帝。故知臣名。都於釋詁文。於即嗚字。歎之辭也。將言共工之善。故先歎美之。舜典命垂作共工。知共工是官稱。鄭以爲其人名氏未聞。先祖居此官。故以官氏也。計稱人對帝。不應舉先世官名。孔直云官稱。則其人於時居此官也。時見居官。則是已被任用。復舉之者。帝求順事之人。欲置之上位以爲大臣。所欲尊於共工。故舉之也。鳩聚。釋詁文。僝然。見之狀。故爲見。歎共工能方方聚見其功。謂每於所在之方。皆能聚集善事以見其功。言可用也。若能共工實有見功。則是可任用之人。帝言其庸違滔天。不可任者。共工言是行非。貌恭心很。取人之功以爲己功。其人非無見功。但功非己有。左傳說驩兜云。醜類惡物。是與比周。天下之人。謂之渾敦。言驩兜以共工比周。妄相薦舉。知所言見功。非其實功也。○傳靜謀至可用○正義曰：靜。謀。釋詁文。滔者。漫漫之名。滔必漫其上。故滔爲漫也。共工險僞之人。自爲謀慮之言。皆合於道。及起用行事而背違之。言其語是而行非也。貌象恭敬。而心傲很。其侮上陵下。若水漫天。言貌恭而心很也。行與言違。貌恭心反。乃是大佞之人。不可任用也。明君聖主。莫先於堯。求賢審官。王政所急。乃有放齊之不識是非。驩兜之朋黨惡物。共工之巧言令色。崇伯之敗善亂常。聖人之朝。不才揔萃。雖曰難之。何其甚也。此等諸人。才實中品。亦雖行有不善。未爲大惡。故能仕於聖代。致位大官。以帝堯之末。洪水爲災。欲責非常之功。非復常人所及。自非聖舜登庸。大禹致力。則滔天之害。未或可平。以舜禹之成功。見此徒之多罪。勳業既謝。愆釁自生。爲聖所誅。其咎益大。且虞史欲盛彰舜德。歸過前人。春秋史克以宣公比堯。辭頗增甚。知此等並非下愚。未有大惡。其爲不善。惟帝所知。將言求舜。以見帝之知人耳。○傳四岳至稱焉○正義曰。上列羲和所掌。云宅嵎夷朔方。言四子居治四方。主於外事。岳者四

方之大山。今王朝大臣。皆號稱四岳。是與羲和所掌
其事爲一。以此知四岳卽上羲和之四子也。又解謂
之岳者。以其分掌四岳之諸侯。故稱焉。舜典稱巡守
至于岱宗。肆覲東后。周官說巡守之禮云。諸侯各朝
於方岳之下。是四方諸侯。分屬四岳也。計堯在位六
十餘年。乃命羲和。蓋應早矣。若使成人見命。至此近
將百歲。故馬鄭以爲羲和皆死。孔以爲四岳卽是羲
和。至今仍得在者。以羲和世掌天地。自當父子相承。
不必仲叔之身皆悉在也。書傳雖出自伏生。其常聞
諸先達。虞傳雖說舜典之四岳。尚有羲伯和伯。是仲
叔子孫。世掌岳事也。○傳湯湯至爲害。○正義曰。湯
湯。波動之狀。故爲流貌。洪大。釋詁文。刀害爲割。故割
爲害也。言大水方方爲害。謂其徧害四方也。○傳蕩
蕩至漫天。○正義曰。蕩蕩。廣平之貌。言水勢奔突。有
所滌除。謂平地之水。除地上之物。爲水漂流。無所復
見。蕩然惟有水耳。懷藏包裹之義。故懷爲包也。釋言
以襄爲駕。駕乘牛馬。皆車在其上。故襄爲上也。包山
謂遶其傍。上陵謂乘其上。平地已皆蕩蕩。又復遶山

上陵。故爲盛大之勢。揔言浩浩盛大若漫天然也。天
者。無上之物。漫者。加陵之辭。甚其盛大。故云若漫天
也。○傳俾使乂治也。○正義曰。俾。使。乂。治。釋詁文。○
傳僉皆至舉之。○正義曰。僉。皆。釋詁文。周語云。有崇
伯鯀。卽鯀。是崇君。伯。爵。故云。鯀。崇伯之名。帝以岳爲
朝臣之首。故特言四岳。其實求能治者。普問朝臣。不
言岳對。而云皆曰。乃衆人舉之。非獨四岳。故言朝臣
舉之。○傳凡言至善類。○正義曰。自上以來。三經求
人。所舉者。帝言其惡。而辭皆稱吁。故知凡言吁者。皆
非帝之所當意也。咈者。相乖詭之意。故爲戾也。圮。毀。
釋詁文。左氏稱非我族類。其心必異。族類義同。故族
爲類也。言鯀性很戾。多乖異衆人。好此方直之名。內
有姦回之志。命而行事。輒毀敗善類。何則。心性很戾。
違衆用己。知善不從。故云毀敗善類。詩稱貪人敗類。
與此同。鄭王以方爲放。謂放棄教命。易坤卦六二直
方大。是直方之事。爲人之美名。此經云方。故依經爲
說。○傳异已已退也。○正義曰。异聲近已。故爲已也。
已訓爲止。是停住之意。故爲退也。○傳勑鯀至用之

○正義曰。傳解鯀非帝所意而命使之者。堯知其性很戾圮族。未明其所能。夫管氏之好奢尚僭。翼贊霸圖。陳平之盜嫂受金。弼諧帝業。然則人有性雖不善。才堪立功者。而衆皆據之。言鯀可試。冀或有益。故遂用之。孔之此說。據迹立言。必其盡理而論。未是聖人之實。何則。禹稱帝德廣運。乃聖乃神。夫以聖神之資。聰明之鑒。既知鯀性很戾。何故使之治水者。馬融云。堯以大聖。知時運當然。人力所不能治。下民其咨。亦當憂勞。屈己之是。從人之非。遂用於鯀。李顒云。堯雖獨明於上。衆多不達於下。故不得不副倒懸之望。以供一切之求耳。○傳載年至退之○正義曰。釋天云。載。歲也。夏曰歲。商曰祀。周曰年。唐虞曰載。李巡云。各自紀事。示不相襲也。孫炎曰。歲。取歲星行一次也。祀。取四時祭祀一訖也。年。取禾穀一熟也。載。取萬物終而更始。是載者。年之别名。故以載爲年也。舜典云。三載考績。三考黜陟幽明。是三考九年也。功用不成。水害不息。故放退之。謂退使不復治水。至明年得舜乃殛之羽山。周禮大宰職云。歲終。則令百官各正其治而詔王廢置。三年。則大計羣吏之治而誅賞。然則考課功績。必在歲終。此言功用不成。是九年歲終三考也。下云朕在位七十載。而求得虞舜。歷試三載。即數登用之年。至七十二年爲三載。即知七十載者與此異年。此時堯在位六十九年。鯀初治水之時。堯在位六十一年。若然。鯀既無功。早應黜廢。而待九年無成始退之者。水爲大災。天之常運。而百官不悟。謂鯀能治水。及遣往治。非無小益。下人見其有益。謂鯀實能治之。日復一日。以終三考。三考無成。衆人乃服。然後退之。故至九年。祭法云。鯀障洪水而殛死。禹能脩鯀之功。然則禹之大功。顧亦因鯀。是治水有益之驗。但不能成功。故誅殛之耳。若然。災以運來。時不可距。假使興禹。未必能治。何以治水之功不成。而便殛鯀者。以鯀性傲很。帝所素知。又治水無功。法須貶黜。先有很戾之惡。復加無功之罪。所以殛之羽山以示其罪。若然。禹既聖人。當知洪水時未可治。何以不諫父者。梁主以爲舜之怨慕。由己之私。鯀之治水。乃爲國事。上令必行。非禹能止。時又年小。不可干政也。

帝

曰咨四岳朕在位七十載傳堯年十六以唐侯升爲天子在位七十年則時年八十六老將求代○朕直錦反馬云我汝能庸命巽朕位傳巽順也言四岳能用帝命也故欲使順行帝位之事○巽音遜馬云讓也岳曰否德忝帝位傳否不忝辱也辭不堪○否方久反又音鄙忝音他簟反曰明明揚側陋傳堯知子不肖有禪位之志故明舉明人在側陋者廣求賢也○肖音笑說文云肖骨肉相似也不似其先故曰不肖師錫帝曰有鰥在下曰虞舜傳師衆錫與也無妻曰鰥虞氏舜名在下民之中衆臣知舜聖賢恥已不若故不舉

乃不獲已而言之。○錫星歷反。鰥故頑反。虞舜。虞氏。舜。名也。馬云。舜謚也。舜死後。賢臣錄之。臣子爲諱。故變名言謚。**帝曰：俞，予聞，如何？**傳俞然也。然其所舉。言我亦聞之。其德行如何。○俞羊朱反。行下孟反。下其行同。**岳曰：瞽子。父頑。母嚚。象傲。**傳無目曰瞽。舜父有目。不能分別好惡。故時人謂之瞽。配字曰瞍。瞍無目之稱。心不則德義之經爲頑。象舜弟之字。傲慢不友。言並惡。○瞽音古。傲五報反。瞍素后反。稱尺證反。又如字。**克諧以孝，烝烝乂，不格姦。**傳諧。和。烝。進也。言能以至孝和諧頑嚚昏傲。使進進以善自治。不至於姦惡。○諧戶皆反。烝之承反。姦古顏反。**帝曰：我其試**

哉。【傳】言欲試舜。觀其行迹。女于時。觀厥刑于二女。【傳】女。妻。刑。法也。堯於是以二女妻舜。觀其法度接二女。以治家觀治國。○女音尼慮反。妻。音千計反。釐降二女于嬀汭嬪于虞。【傳】降。下。嬪。婦也。舜爲匹夫。能以義理下帝女之心。於所居嬀水之汭。使行婦道於虞氏。○嬀音居危反。汭。音如銳反。水之內也。杜預注左傳云。水之隈曲曰汭。嬪。音毗人反。帝曰欽哉。【傳】歎舜能修已行敬以安人。則其所能者大矣。【疏】帝曰咨四至欽哉。○正義曰。帝以鯀功不成。又已年老。求得授位明聖。代禦天災。故咨嗟汝四岳等。我在天子之位七十載矣。言已年老。不堪在位。汝等四岳之內。有能用我之命。使之順我帝位之事。言欲讓位與之也。四岳對帝曰。我等四岳。

皆不有用命之德。若使順行帝事。卽辱於帝位。言已不堪也。帝又言曰。汝當明白舉其明德之人於僻隱鄙陋之處。何必在位之臣。乃舉之也。於是朝廷衆臣。乃與帝之明人曰。有無妻之鰥夫。在下民之内。其名曰虞舜。言側陋之處。有此賢人。帝曰。然。我亦聞之。其德行如何。四岳又對帝曰。其人愚瞽之子。其父頑。母嚚。其弟字象。性又傲慢。家有三惡。其人能諧和以至孝之行。使此頑嚚傲慢者。皆進進於善以自治。不至於姦惡。言能調和惡人。是爲賢也。帝曰。其行如此。當可任用。我其召而試之哉。欲配女與試之也。卽以女妻舜於是。欲觀其居家治否也。舜能以義理下二女之心於嬀水之汭。使行婦道於虞氏。帝歎曰。此舜能敬其事哉。歎其善治家。知其可以治國。故下篇言其授以官位而歷試諸難。○傳堯年至求代○正義曰。徧檢今之書傳。無堯卽位之年。孔氏博考羣書。作爲此傳。言堯年十六。以唐侯升爲天子。必當有所案據。未知出何書。計十六爲天子。其歲稱元年。在位七十載。應年八十五。孔云八十六者。史記諸書。皆言堯帝嚳之子。帝摯之弟。嚳崩摯立。摯崩乃傳位於堯。然則堯以弟代兄。葢踰年改元。據其改元年。則七十載數其立年。故八十六。下句求人巽位。是老將求代也。此經文承績用不成之下。計治水之事。於時最急。不求治水之人。而先求代已者。堯以身既年老。臣無可任。治水之事。非已所能。故求人代已。令代者自治。是虞史盛美舜功。言堯不能治水。以大事付舜。美舜能消大災。成堯美也。○傳巽順至之事○正義曰。巽。順。易說卦文。帝呼四岳。言汝能庸命。四岳自謙。言已否德。故知汝四岳。言四岳能用帝命。故帝欲使之順行帝位之事。將使攝也。在位之臣。四岳爲長。故讓位於四岳也。○傳否不至不堪○正義曰。否。古今不字。忝。辱。釋言文。已身不德。恐辱帝位。自辭不堪。岳爲羣臣之首。自度既不堪。意以爲在位之臣。皆亦不堪。由是自辭而已。不薦餘人。故帝使之明舉側陋之處。○傳堯知至求賢○正義曰。此經曰上無帝。以可知而省文也。傳解四岳既辭而復言此者。堯知子不肖。不堪爲主。有禪位與人之志。故令四岳明舉明人。令其在側陋者。欲使廣求賢也。鄭注雜記云。肖。似也。言不如人也。史記五帝本紀云。堯知子丹朱之不肖。不足授天下。於是權授舜。授舜則天下得其利而丹朱病。授丹朱。則天下病而丹朱得其利。堯曰。終不以天下之病而利一人。而卒授舜以天下。是堯知子不肖而禪舜之意也。文王世子論舉賢之法云。或以事舉。或以言揚。揚。亦舉也。故以舉解揚。經之揚字。在於二明之下。傳進舉字於兩明之中。經於明中宜有揚字。言明舉明人於側陋之處。明下有揚。故上闕揚文。傳進舉於明上。互文以足之也。側陋者。僻側淺陋之處。意言不問貴賤。有人則舉。是令朝臣廣求賢人也。堯知有舜而朝臣不舉。故令廣求賢以啓之。臣亦以堯知側陋有人。故不得不舉舜耳。此言堯知子不肖。有志禪位。然則自有賢子。必不禪人。授賢爰自上代。堯舜而已。非堯舜獨可。彼皆不然。將以子不肖。時無聖者。乃運值汚隆。非聖有優劣。而緯候之書。附會其事。乃云。河洛之符。名字之錄。何其妄且俗也。○傳師衆至言之○正義曰。師。衆。錫。與。釋詁文。無妻曰鰥。釋名云。愁悒不寐。目恒鰥鰥然。故鰥字從魚。魚目恒不閉。王制云。
老而無妻曰鰥。舜於時年未三十。而謂之鰥者。書傳
稱孔子對子張曰。舜父頑母嚚。無室家之端。故謂之
鰥。鰥者無妻之名。不拘老少。少者無妻。可以更娶。老
者即不復更娶。謂之天民之窮。故禮舉老者耳。詩云。
何草不玄。何人不鰥。暫離室家。尚謂之鰥。不獨老而
無妻始稱鰥矣。書傳以舜年尚少。爲之說耳。虞氏舜
名者。舜之爲虞。猶禹之爲夏。外傳稱禹氏曰有夏。則
此舜氏曰有虞。顓頊已來。地爲國號。而舜有天下。號
曰有虞氏。是地名也。王肅云。虞地名也。皇甫謐云。堯
以二女妻舜。封之於虞。今河東太陽山西虞地是也。
然則舜居虞地。以虞爲氏。堯封之虞。爲諸侯。及王天
下。遂爲天子之號。故從微至著。常稱虞氏。舜爲生號
之名。前已具釋。傳又解衆人以舜與帝。則衆人盡知
有舜。但舜在下人之中。未有官位。衆臣德不及之。而
位居其上。雖知舜實聖賢。而恥已不若。故不舉之。以
帝令舉及側陋。意謂帝知有舜。乃不獲已而言之耳。
知然者。正以初不薦舉。至此始言。明是恥已不若。故

不早舉。舜實聖人。而連言賢者。對則事有優劣。散即語亦相通。舜謂禹曰。惟汝賢。是言聖德稱賢也。傳以師爲衆臣。爲朝臣之衆。或亦通及吏人。王肅云。古者將舉大事。訊羣吏。訊萬人。堯將讓位。咨四岳使問羣臣。衆舉側陋。衆皆願與舜。堯計事之大者。莫過禪讓。必應博詢吏人。非獨在位。王氏之言。得其實矣。鄭以師爲諸侯之師。帝咨四岳。徧訪羣臣。安得諸侯之師獨對帝也。○傳俞然至如何○正義曰。俞。然。釋言文。然其所舉言我亦聞也。其德行如何。恐所聞不審。故詳問之。堯知有舜。不召取禪之。而訪四岳令衆舉薦者。以舜在卑賤。未有名聞。率暴禪之。則下人不服。故鄭玄六藝論云。若堯知命在舜。舜知命在禹。猶求於羣臣。舉於側陋。上下交讓。務在服人。孔子曰。民可使由之。不可使知之。此之謂也。是解堯使人舉舜之意也。○傳無目至並惡○正義曰。周禮樂官有瞽矇之職。以其無目。使眂瞭相之。是無目曰瞽。又解稱瞽之意。舜父有目。但不能識別好惡。與無目者同。故時人謂之瞽。配字曰瞍。瞍亦無目之稱。故或謂之爲瞽瞍。

詩云。矇瞍奏公。是瞍爲瞽類。大禹謨云。祗載見瞽瞍。是相配之文。史記云。舜父瞽瞍盲。以爲瞽瞍是名。身實無目也。孔不然者。以經說舜德行。美其能養惡人。父自名瞍。何須言之。若實無目。卽是身有固疾。非善惡之事。輒言舜是盲人之子。意欲何所見乎。論語云。未見顏色而言謂之瞽。則言瞽者。非謂無目。史記又說瞽瞍使舜上廩。從下縱火焚廩。使舜穿井。下土實井。若其身自能然。不得謂之無目。明以不識善惡故稱瞽耳。心不則德義之經爲頑。僖二十四年左傳文。象。舜弟之字。以字表象。是人之名號。其爲名字未可詳也。釋訓云。善兄弟爲友。孟子說象與父母共謀殺舜。是傲慢不友。言舜父母與弟並皆惡也。此經先指舜身。因言瞽子。又稱父頑者。欲極其惡。故文重也。○

(傳)諧和至於姦惡○正義曰。諧。和。烝。進。釋詁文。上歷言三惡。此美舜能養之。言舜能和之以至孝之行。和頑嚚昏傲。使皆進進於善道。以善自治。不至于姦惡。以下愚難變。化令慕善。是舜之美行。故以此對堯。案孟子及史記。稱瞽瞍縱火焚廩。舜以兩笠自扞而下。

以土實井。舜從旁空井出。象與父母共分財物。舜之大孝。升聞天朝。堯妻之二女。三惡尚謀殺舜。爲姦之大。莫甚於此。而言不至姦者。此三人性實下愚。動罹刑網。非舜養之。久被刑戮。猶尚有心殺舜。餘事何所不爲。舜以權謀自免厄難。使瞽無殺子之愆。象無害兄之罪。不至於姦惡。於此益驗。終令瞽亦允若。象封有鼻。是不至於姦惡也。○傳言欲至行迹。○正義曰。下言妻舜以女。觀其治家。是試舜觀其行迹也。馬鄭王本說此經皆無帝曰。當時庸生之徒漏之也。鄭玄云。試以爲臣之事。王肅云。試之以官。鄭王皆以舜典合於此篇。故指歷試之事。充此試哉之言。孔據古今別卷。此言試哉。正謂以女試之。既善於治家。別更試以難事。與此異也。○傳女妻至治國。○正義曰。左傳稱宋雍氏女於鄭莊公。晉伐驪戎。驪戎男。女以驪姬。以女妻人謂之女。故云。女。妻也。刑。法。釋詁文。此已下皆史述堯事。非復堯語。言女于時。謂妻舜於是。故傳倒文以曉民。堯於是以二女妻舜。必妻之者。舜家有三惡。身爲匹夫。忽納帝女。難以和協。觀其施法度於二女以法治家觀治國將使治國故先使治家敵夫曰妻不得有二女言女于時者揔言之耳二女之中當有貴賤長幼劉向列女傳云二女長曰娥皇次曰女英舜既升爲天子娥皇爲后女英爲妃然則初適舜時卽娥皇爲妻鄭不言妻者不告其父不序其正又注禮記云舜不告而娶不立正妃此則鄭自所說未有書傳云然案世本堯是黃帝玄孫舜是黃帝八代之孫計堯女於舜之曾祖爲四從姊妹以之爲妻於義不可世本之言未可據信或者古道質故也○

傳降下至虞氏○正義曰降下釋詁文周禮九嬪之職掌婦學之法嬪是婦之別名故以嬪爲婦釐降謂能以義理下之則女意初時不下故傳解之言舜爲匹夫帝女下嫁以貴適賤必自驕矜故美舜能以義理下帝女尊亢之心於所居嬀水之汭使之服行婦道於虞氏虞與嬀汭爲一地見其心下乃行婦道故分爲二文言匹夫者士大夫已上則有妾媵庶人無妾媵惟夫妻相匹其名既定雖單亦通謂之匹夫匹婦嬀水在河東虞鄉縣歷山西西流至蒲坂縣南入

於河。舜居其旁。周武王賜陳胡公之姓爲嬀。爲舜居嬀水故也。舜仕堯朝。不家在於京師。而令二女歸虞者。蓋舜以大孝示法。使妻歸事於其親。以帝之賢女。事頑嚚舅姑。美其能行婦道。故云嬪於虞。○傳歎舜至大矣○正義曰。二女行婦道。乃出舜之敬。故帝言欽哉。歎能脩巳行敬以安民也。能脩巳及安人。則是所能者大。故歎之。論語云脩巳以安百姓。堯舜其猶病諸。傳意出於彼也。

尚書註疏卷第二

尚書注疏彙校卷二

堯典第一

一葉一行　唐孔潁達疏　「潁」，單作「頴」。

一葉五行釋文　釋文凡十六篇。十一篇亡。五篇見存。　○浦鏜《正字》：「釋文凡十六篇，十一篇亡，五篇見存」一十四字毛本誤衍。監本當移在下「虞書」二字下。○阮元《校記甲》：凡十六篇。「凡」，葉本作「此」。

一葉五行疏　檢古本并石經。　「檢」，單、八、魏、平、毛作「撿」。

一葉七行疏　堯典第一篇之名。　○浦鏜《正字》：堯典第一篇之名。「第一」下疑脱「堯典當」三字。○盧文弨《拾補》：堯典第一。堯典當篇之名。「堯典當」三字從浦補。

一葉八行疏　交代揖讓。以垂無爲。　「垂」，單、八、魏、平、永作「重」，十作「重」。○山井鼎《考文》：交代揖讓，以垂無爲。宋板「垂」作「重」。○盧文弨《拾補》：以重無爲。毛本「重」作「垂」。「垂」當作「重」。○阮元《校記甲》：以垂無爲。宋板「垂」作「重」，非也。

一葉十一行疏　則古史所書。　○《定本校記》：則古史所書。「古」疑當作「右」。

一葉十二行疏　各隨其事。　「各」，單、阮作「名」。○劉承幹《校記》：各隨其事。阮本「各」作「名」。

一葉十二行疏　檢其此體。　「檢」，單、八、魏、平、毛作「撿」。

一葉十三行疏　堯典舜典二篇。　「二」，單作「一」。

一葉十四行疏　湯誓牧誓費誓秦誓八篇。誓也。　「牧」，單作「枚」，殿作「教」。「秦」，十、永、阮作「泰」。「誓也」，平作「誓也」。○阮元《校記甲》：秦誓八篇，誓也。「秦」，十行本誤作「泰」。○阮元《校記乙》：泰誓八篇，誓也。「泰」當作「秦」。

一葉十五行疏　説命三篇微子之命蔡仲之命顧命畢命冏命文侯之命九篇。　「蔡」下魏無「仲」字。

一葉十六行疏　因其人稱言以别之。　○《定本校記》：因其人稱言以别之。「人稱」二字疑倒。益稷傳云：「禹稱其人因以名篇。」殆疏語所本。

一葉十七行疏　取其徙而立功。　「徙」，十、永、阮作「徒」。○阮元《校記甲》：取其徒而立功。「徙」，十行本誤作「徒」。○阮元《校記乙》：取其徒而立功。「徒」當作「徙」。

一葉十七行疏　高宗肜日。　「肜」，殿作「彤」。

二葉一行疏　無逸。戒王。　「王」，閩作「玉」。

二葉二行疏　與畢公之類。　「公」，單、八、魏、平、十、永、阮作「命」。○山井鼎《考文》：君陳、君牙與畢公之類。〔宋板〕「公」作「命」。○盧文弨《拾補》：與畢命之類。毛本「命」作「公」。「公」當作「命」。○阮元《校記甲》：與畢公之類。「公」，宋板、十行本俱作「命」。按：「公」字非也。○阮元《校記乙》：與畢命之類。宋本同。毛本「命」誤作「公」。

二葉四行疏　鄭以爲在臣扈後第二十九。　「二」，平作「一」。

二葉四行疏　鄭以爲在湯誥後第三十二。　「三」，單作「二」。

二葉七行經　虞書。　「虞書」下毛有雙行「凡十六篇，十一篇亡，五篇見存」十二字。

二葉八行疏　末言舜登庸由堯。　「末」，平作「未」。

二葉九行疏　此直言虞書。本無尚書之題也。　○浦鏜《正字》：此直言虞書，本無尚書之題也。「尚書」當「夏書」之誤。○盧文弨《拾補》：此直言虞書，本兼夏書之題也。毛本「兼夏」作「無尚」，譌。○阮元《校記甲》：本無尚書之題也。浦鏜云「尚」當「夏」字誤。按：浦是也。阮元《校記乙》同。

二葉十一行疏　則虞夏別題也。　「虞」，殿、庫作「禹」。

二葉十一行疏　以上爲虞書。　「上」，阮作「土」。

二葉十二行疏　猶西伯戡黎。　「西」，單作空白。

二葉十三行疏　并註於夏書不廢。猶商書乎。　○盧文弨《拾補》：不廢猶商書乎。案：語意當謂：因篇亡，故并附夏書後，不害其本是商書耳。

二葉十三行疏　又伏生雖有一虞夏傳。　「伏」，閩作「伕」。

二葉十四行疏　此其所以宜别也。　「此」，平作「夏」。

二葉十四行疏　莊八年左傳云。夏書曰。　「云」，毛作「引」。○阮元《校記甲》：莊八年左傳引夏書曰。「引」，十行、閩、監俱作「云」。○阮元《校記乙》：莊八年左傳云夏書曰。閩本、明監本同。宋本、毛本「云」作「引」。案：「引」字是也。

二葉十八行疏　其二十五篇者。　「二」，永作「一」。

三葉三行疏　遂有張霸之徒。　「徒」，永作「徒」。

三葉四行疏　以足鄭注三十四篇。　「足」，平作「是」。

三葉五行疏　盤庚二篇。　「二」，平作「三」。

三葉五行疏　爲三十三。　「三十三」，八作「二十二」。

三葉六行疏　爲三十四篇。　「三」，平作「二」。

三葉七行疏　則鄭注書序舜典一。　「書」，八作「盡」，要作「盡」。

三葉七行疏　汩作二。　「汩」，八作「泊」。

三葉八行疏　典寶十八。　「寶」，毛作「實」。○浦鏜《正字》：典寶十八。「寶」，毛本誤「實」。○盧文弨《拾補》：典寶十八。毛本「寶」作「實」。「實」當作「寶」。○阮元《校記甲》：典實十八。「實」，十行、閩、監俱作「寶」。按：「實」字誤。

三葉八行疏　肆命二十。　○山井鼎《考文》：肆命二十。宋板「肆命」作「伊陟」。○盧文弨《拾補》：伊陟二十。毛本「伊陟」作「肆命」。「肆命」當作「伊陟」。○阮元《校記甲》：肆命二十。「肆命」，宋板作「伊陟」。按：鄭注本無「伊陟」，宋板非是。阮元《校記乙》同。○《定本校記》：肆命二十。「肆命」，〔足利〕八行本作「伊陟」。

三葉九行疏　以九共九篇共卷。　「共」，阮作「其」。

三葉九行疏　除八篇。　「八」，平作「九」。

三葉十行疏　以古文又多十六篇。　「古」，十作「占」。

三葉十一行疏　引今文泰誓云。丙午逮師。　「丙」，殿作「西」。○《四庫考證》：今文泰誓云：丙午逮師。刊本「丙」訛「西」，據毛本改。

三葉十二行疏　又引武成越若來。三月五日甲子。　○浦鏜《正字》：又引武成越若來云云。「越」，監本誤。

三葉十三行疏　經傳所引泰誓。泰誓並無此文。　八、要不重「泰誓」二字。○山井鼎《考文》：泰誓並無此文。〔宋板〕無「泰誓」二字。○盧文弨《拾補》：經傳所引泰誓竝無此文。毛本複「泰誓」二字，衍。○阮元《校記甲》：泰誓竝無此文。宋板無「泰誓」二字。按：無「泰誓」二字，則謂漢之大誓經傳未有引之者也。若有「泰誓」二字，則謂經傳所引泰誓皆不見於漢之泰誓也。二義竝通。据泰誓疏引馬序云：吾見書傳多矣，所引泰誓而不在泰誓者甚多。則此處宜有「泰誓」二字。阮元《校記乙》同。○劉承幹《校記》：經傳所引泰誓，泰誓並無此文。「泰誓」重。○《定本校記》：泰誓並無此文。〔足利〕八行本脱「泰誓」二字。

三葉十五行疏　胤征。臣名。　○盧文弨《拾補》：胤，臣名。毛本「胤」下有「征」字，衍。

三葉十五行疏　厥篚玄黄。　「篚」，阮作「匪」。

三葉十六行疏　載孚在亳。　「亳」，八、魏、十、永、阮作「毫」。○盧文弨《拾補》：載俘在亳。毛本「俘」作「孚」。「孚」當作「俘」。○張鈞衡《校記》：伊訓云：載孚在亳。阮本「亳」誤「毫」。

三葉十六行疏　征是三朡。「是」，毛作「是」。「朡」，魏作「睃」。

三葉十六行疏　謂是酋豪之長。「酋」，魏、平、十、永、阮作「遒」。

三葉十七行疏　又古文有仲虺之誥太甲説命等見在而云亡。「虺」，閩作「虺」。

三葉十七行疏　其汨作典寶之等一十三篇。「汨」，庫作「汩」。「篇」，十作「萹」。

四葉一行疏　膠東庸生劉歆賈逵馬融等所傳是也。「劉」，閩作「劉」。「是」，毛作「是」。

四葉一行疏　我先師棘子下生安國亦好此學。「棘」，單、八、魏、平、十、永、閩作「棘」。○盧文弨《拾補》：我先師棘下生。毛本「棘」字下有「子」字，衍。○阮元《校記甲》：我先師棘子下生安國亦好此學。按：「子」字衍文。阮元《校記乙》同。

四葉五行疏　惟傳孔學經文三十三篇。「三十三」，要作「三十二」。

四葉六行疏　宅嵎夷爲宅嵎鐵。○山井鼎《考文》：宅嵎夷爲宅嵎鐵。〔宋板〕「鐵」作「峓」。○浦鏜《正字》：夏侯等書宅隅夷爲宅嵎鐵。「鐡」即「鐵」字。○盧文弨《拾補》：宅嵎〔夷〕爲宅嵎峓。毛本「峓」作「鐵」。「鐵」當作「峓」。○阮元《校記甲》：宅嵎夷爲宅嵎鐵。「鐵」，宋板作「峓」。按：段玉裁云：嵎鐵即禺銕。銕者，古文鐵字。鐡者，鐵之譌體也。廣韻六脂云：嵎峓，山名。書作嵎夷。集韻云：嵎銕，東表之地。又十二齊亦有銕字，引字林云：鐵名。然則夷、銕、峓三字通用。阮元《校記乙》同。○《定本校記》：宅嵎夷爲宅嵎鐵。「鐵」，〔足利〕八行本作「峓」。

四葉七行疏　心腹腎腸曰憂腎陽。　上「腎」字，十、永作「賢」。○阮元《校記甲》：心腹腎腸曰憂腎陽。孫志祖云：「憂腎陽」三字乃「優賢揚」之訛。優賢揚歷，語見魏志管寧傳及左思魏都賦。又隸釋載漢成陽令唐扶頌，亦有優賢颺歷之文。阮元《校記乙》同。

四葉七行疏　劓刵劉剠云臏宮劓割头庶剠。　「刵」，平作「刖」。

四葉八行疏　安國傳都尉朝子俊。俊傳膠東庸生。　○浦鏜《正字》：安國傳都尉昭子俊俊傳膠東庸生。案：儒林傳作「昭傳膠東庸生」，無「子俊俊」三字。釋文同。釋文「昭」作「朝」。○盧文弨《拾補》：安國傳都尉朝子俊，俊傳膠東庸生。漢書儒林傳「朝」作「昭」，無「子俊」二字，下「俊」作「昭」。釋文與傳同，「朝」字與此同。

四葉八行疏　惲傳河南桑欽。　○盧文弨《拾補》：惲傳河南桑欽。「桑」或作「乘」。

四葉九行疏　三十三篇古經。　「三十三」，平作「二十三」。

四葉十行疏　至晉世王肅註書。　「世」，平作「也」。

四葉十行疏　又晉書皇甫謐傳云。　「又」，要作「及」。

四葉十一行疏　姑子外弟梁柳邊。　「姑」，八作「姑」。「邊」，要作「編」。

四葉十二行疏　以古文授扶風蘇愉。愉字休預。　二「愉」字，要均作「偷」。

四葉十三行疏　始授郡守子汝南梅賾。　「賾」，八作「頣」，庫作「頣」。

四葉十三行疏　又爲豫章內史。　「豫」，單、八、魏、平、十、永作「預」。○《定本校記》：又爲豫章內史。「豫」，單疏本誤作「預」。

四葉十四行疏　姚方興於大航頭得而獻之。　「興」，永作「㒷」。

四葉十五行疏　事亦隨寢。　「寢」，要作「寑」。

四葉十五行疏　至隋開皇二年。　「隋開」，要作「隨開」。

四葉十五行疏　購募遺典。　「募」，單、八、魏、平、十、永、阮作「慕」。○阮元《校記甲》：購募遺典。「募」，十行本誤作「慕」。○阮元《校記乙》：購慕遺典。宋本、閩本、明監本「慕」作「募」。○《定本校記》：購募遺典。「募」，單疏本誤作「慕」。

四葉十六行疏　至晉之初猶得存者。　「得」上要無「猶」字。

四葉十六行疏　散在民閒。　「閒」，八、魏、要、永、庫作「間」。

四葉十六行釋文　傳。即註也。以傳述爲義。舊説漢巳前稱傳。　王無「傳即」至「稱傳」十六字。

四葉十七行疏　故云某氏。　「某」，阮作「其」。○張鈞衡《校記》：故云某氏。阮本「某」作「其」。

四葉十七行疏　亦可以後人辨之。　「辨」，單、八作「辯」。○盧文弨《拾補》：亦可以後人辨之。以，猶使。

四葉十八行注　言聖德之遠著。　○山井鼎《考文》：言聖德之遠著。〔古本〕下有「也」字。「老使攝遂禪之」下、「百代常行之道」下、「若順」下，並同。○阮元《校記甲》：言聖德之遠著。古本下有「也」字。案：古本句末有「也」字者甚多，不可勝載。顏氏家訓書證篇曰：「也」是語已及助句之辭。河北經傳悉略此字。有不可無者，如「伯也執殳」、「於旅也語」之類，儻削此文，頗成廢闕。又有俗學，聞經傳中時須「也」字，輒以意加之，每不得所益，誠可笑。是此字已經後人任意增損，今不悉挍。阮元《校記乙》同。

五葉一行釋文　馬融云。謚也。　○浦鏜《正字》：馬融云：謚也。「謚」從盆，從益作者誤。後放此。

五葉一行釋文　聽。千公反。　「千」，殿、庫作「于」。○浦鏜《正字》：千公切。監本「千」誤「于」。

五葉一行釋文　思。息嗣反。又如字。下同。　「如字」下魏無「下同」二字。

五葉一行釋文　著。張慮反。　「慮」，十、永、閩作「盧」。

五葉二行注　遜。遁也。　○阮元《校記甲》：遜，遁也。陸氏曰：遁，本又作遯。

五葉二行釋文　遁。本作遯。　「本」下纂、魏有「又」字，平有「一」字。○物觀《補遺》：遁，本作遯。〔經典釋文〕「本」下有「又」字。○阮元《校記甲》：遁，本又作遯。十行本、毛本俱無「又」字。

五葉三行釋文　遂禪。音時戰反。　王、纂、魏、平、殿、庫「禪」上無「遂」字，「時」上無「音」字。○阮元《校記甲》：禪，時戰反。十行本、毛本「禪」上俱有「遂」字，「禪」下俱有「音」字。按：翻切之上注疏本多有「音」字，單行本多無之，不可勝挍，故槩從略。

五葉三行釋文　讓也。授也。　「讓也」下平無「授也」二字。

五葉四行疏　夫子爲書作序。　「子」，要作「人」。

五葉五行疏　檢此百篇。　「檢」，單、八、魏、平、要、永、毛作「撿」。

五葉六行疏　若汨作。　「汨」，庫作「汩」。

五葉七行疏　其咸乂四篇。　「其」，阮作「某」。

五葉八行疏　皆三篇同序。　「三」，毛作「二」。○物觀《補遺》：皆二篇同序。宋板「二」作「三」。○浦鏜《正字》：二十四篇皆三篇同序。「三篇」誤「二篇」。○盧文弨《拾補》：皆三篇同序。毛本「三」作「二」。「二」當作「三」。○阮元《校記甲》：皆二篇同序。「二」，宋板、十行、閩、監俱作「三」。按：「二」字誤。

五葉十二行疏　即其聖性。行之於外。　「於」，毛作「于」。

五葉十二行疏　居止於天下而遠著。　「止」，十作「上」，殿、庫作「正」。○盧文弨《拾補》：故此德充滿居上於天。毛本「上」作「止」。「止」當作「上」。

五葉十四行疏　言昔在者。從上自下爲稱。　○盧文弨《拾補》：言昔在者，從上自下爲稱。「自」疑「目」。○《定本校記》：從上自下爲稱。「自」，盧氏改作「目」。江氏聲尚書亼注音疏引亦同。

五葉十五行疏　所以名帝。　○浦鏜《正字》：所以名帝。下疑脱「者」字。

六葉一行疏　但逐同天之名以爲優劣。　「逐」，單、八、魏、平、十、永、阮作「遂」。○山井鼎《考文》：但逐同天之名。〔宋板〕「逐」作「遂」。○盧文弨《拾補》：但遂同天之名。毛本「遂」作「逐」。「逐」當作「遂」。○阮元《校記甲》：但逐同天之名。「逐」，宋板、十行俱作「遂」。閩本初作「遂」，後改「逐」，不誤。○阮元《校記乙》：但遂同天之名。宋本同。毛本

「遂」作「逐」，閩本初亦作「遂」，後改「逐」。案：「逐」是也。○《定本校記》：但遂同天之名。「遂」，閩本改作「逐」。

六葉二行疏　三皇無爲而同天。　「皇」，毛作「王」。○浦鏜《正字》：三王無爲而同天。「王」當「皇」字誤。○盧文弨《拾補》：三皇無爲而同天。毛本「皇」作「王」。「王」當作「皇」。○阮元《校記甲》：三王無爲而同天。「王」，十行、閩、監俱作「皇」。○阮元《校記乙》：三皇無爲而同天。岳本、閩本、明監本同。毛本「皇」作「王」。

六葉七行疏　案鄭於下亦云。　「於」，毛作「于」，阮作「以」。

六葉十行疏　既非名。而放勳重華文命。　「名」，毛作「明」。○物觀《補遺》：既非明，而放勳重華文命。〔宋板〕「明」作「名」。○浦鏜《正字》：既非名，而放勳云云。「名」，毛本誤「明」。○盧文弨《拾補》：既非名，而放勳云云。毛本「名」作「明」。「明」當作「名」。○阮元《校記甲》：既非明。「明」，宋板、十行、閩、監俱作「名」。按：「明」字誤。

六葉十行疏　同於鄭玄矣。　○浦鏜《正字》：同於鄭玄矣。「鄭」，監本誤「奠」。○阮元《校記甲》：同於鄭元矣。「鄭」，監本誤作「奠」。

六葉十三行疏　案謚法。　「謚」，魏作「謐」。

六葉十五行疏　故有致異。　○浦鏜《正字》：將由謚法或本不同，故有致異。「致」，疑「玆」字誤。○盧文弨《拾補》：將由謚法或本不同，故有致異。「致」疑「玆」。

六葉十五行疏　除虐去殘曰湯。　○浦鏜《正字》：除虐去殘曰湯。「虐」、「殘」二字，案謚法解互異。○盧文弨《拾補》：除虐去殘曰湯。案謚法解「虐」與「殘」互易。

六葉十六行疏　以周法死後乃追。　「追」，要作「遣」。

六葉十六行疏　故謂之爲謚。　「謚」上要無「爲」字。

六葉十七行疏　陳之爲死謚。　「謚」，魏作「諡」。

六葉十八行疏　而王侯世本。　「侯」，單作「候」。

七葉一行疏　又改名爲履。　「改名」下魏又有「名」字。

七葉一行疏　安國不信世本無天乙之名。　「無」，要作「无」。

七葉二行疏　皇甫謐巧欲傅會。　「傅」，單作「傳」。

七葉三行疏　號之曰堯者。　「曰」，十作「口」。

七葉四行疏　故二八顯升。　「升」，平作「非」。

七葉六行疏　喻聖人之智慧。　「慧」，單、八作「惠」。

七葉八行疏　此序其聖性。故稱其聰。　○浦鏜《正字》：此序其聖性，故稱其聰。「聰」當「德」字誤。

七葉八行疏　下舜典直云。　「下」，平作「不」。

七葉十一行疏　解將遜于位。　「于」，要作「於」。

七葉十二行疏　解讓于虞舜也。　「于」，要作「於」。

七葉十二行疏　納於大麓是也。　「麓」，庫作「蔍」。

七葉十二行疏　汝陟帝位是也。　「陟」，毛作「涉」。○浦鏜《正字》：禪者，汝陟帝位是也。「陟」，毛本誤「涉」。○盧文弨《拾補》：禪者，汝陟帝位。毛本「陟」作「涉」。「涉」當作「陟」。○阮元《校記甲》：禪者，汝涉帝位是也。「涉」，十行、閩、監俱作「陟」。按：「涉」字誤。

七葉十三行疏　雖舜受而攝之。　「舜」，毛作「聖」。○物觀《補遺》：雖聖受而攝之。〔宋板〕「聖」作「舜」。○浦鏜《正字》：雖舜受而攝之，而堯以爲禪。「舜」，毛本誤「聖」。○盧文弨《拾補》：雖舜受而攝之。毛本「舜」作「聖」。「聖」當作「舜」。○阮元《校記甲》：雖聖受而攝之。「聖」，宋板、十行、閩、監俱作「舜」。按：「聖」字非也。

七葉十五行注　言堯可爲百代常行之道。　○《定本校記》：言堯可爲百代常行之道。内野本、神宫本無「堯」字。

七葉十六行疏　故諸篇皆重言本目。　「目」，永作「且」。

七葉十八行疏　但後王德劣。　「但」，十、永作「伹」。

八葉一行疏　以經是揔名。　「揔」，毛、殿、庫作「總」。

八葉二行疏　其大宰六典。　「大」，單、八、魏、平、十、永、毛、阮作「太」。

八葉四行經　曰若稽古帝堯。　○盧文弨《拾補》：曰若稽古帝堯。「曰」，古文「粵」。「稽」，毛居正云：从禾从尤从旨。案：禾音雞，與禾稼字異。「旨」，本多作「言」，亦可通。「堯」，从三土从兀。作三士及几，譌。下竝同。

八葉四行注　能順考古道而行之者。帝堯。　○山井鼎《考文》：能順考古道而行之者，帝堯。〔古本〕「能」上有「言」字，「堯」下有「也」字。　○盧文弨《拾補》：能順考古道而行之者。句上古本有「言」字。案：傳正以「言」釋「曰」，似可從。○阮元《校記甲》：能順考古道而行之者，帝堯。古本「能」上有「言」字，「堯」下有「也」字。阮元《校記乙》同。○《定本校記》：能順考古道而行之者，帝堯。内野本、神宫本、足利本「能」上有「言」字。

八葉七行注　安天下之當安者。　○山井鼎《考文》：安天下之當安者。〔古本〕下有「也」

字。○阮元《校記甲》：安天下之當安者。古本下有「也」字。

八葉七行釋文　一云放勳堯字。　○物觀《補遺》：一云放勳。〔經典釋文〕「勳」作「勛」。○阮元《校記甲》：勳，一云放勛堯字。「勛」，十行本、毛本俱作「勳」。

八葉十行注　又信恭能讓。　「又」，平作「乂」。

八葉十行注　故其名聞充溢四外。　○山井鼎《考文》：故其名聞充溢四外。〔古本〕「外」作「表」。○盧文弨《拾補》：充溢四外。「外」，古本作「表」。正義作「外」。○阮元《校記甲》：故其名聞充溢四外。陸氏曰：聞，音問，本亦作問。「外」，古本作「表」，似非。

八葉十一行釋文　聞。音問。　「聞」上平有「名」字。

八葉十二行疏　此帝堯能放效上世之功。　「上」，十作「卜」。

八葉十三行疏　智慧甚明。　「慧」，單、八作「惠」。

八葉十三行疏　在於已身。　「於」，毛作「于」。

八葉十五行疏　充滿被溢於四方之外。　「於」，毛作「于」。

八葉十五行疏　言其日月所照。　「言」下平無「其」字。

八葉十六行疏　釋言文。　「文」，永作「丈」。

八葉十六行疏　詩稱考卜△惟王。　「卜」，毛作「十」。○山井鼎《考文》：詩稱考十惟王。正誤「十」當作「卜」。物觀《補遺》：宋板「十」作「卜」。○浦鏜《正字》：詩稱考卜惟王。「卜」，毛本誤「十」。○盧文弨《拾補》：詩稱考卜惟王。毛本「卜」作「十」。「十」當作「卜」。○阮元《校記甲》：詩稱考十維(惟)王。「十」，宋板、十行、閩、監俱作「卜」。按：「十」字非也。

八葉十七行疏　爾雅△一訓一也。　「雅」，八作「稚」。

八葉十七行疏　其末△以一也結之。　「末」，十、永作「未」。

九葉三行疏　居今△行古。　「今」，平作「令」。

九葉三行疏　更致△禍災。　「致」，毛作「知」。○物觀《補遺》：更知禍災若宋襄。〔宋板〕「知」作「致」。○浦鏜《正字》：居今行古，更致禍災。「致」，毛本誤「知」。○盧文弨《拾補》：居今行古，更致禍災。毛本「致」作「知」。「知」當作「致」。○阮元《校記甲》：更知禍災。「知」，宋板、十行、閩、監俱作「致」，不誤。

九葉四行疏　徐偃△行仁。　「偃」，魏作「偃」。

九葉五行疏　訓古爲天△。　「天」，毛作「大」。○物觀《補遺》：訓古爲大。〔宋板〕「大」作

「天」。○浦鏜《正字》：訓古爲天。「天」，毛本誤「大」。○盧文弨《拾補》：訓古爲天。毛本「天」作「大」。「大」當作「天」。○阮元《校記甲》：訓古爲大。「大」，宋板、十行、閩、監俱作「天」，不誤。

九葉六行疏　且古之爲天。　「且」，平作「耳」。

九葉十一行疏　其敬明文思。　「敬」，平作「欽」。

九葉十四行疏　推賢尚善曰讓。　「推」，平、十、永、阮作「惟」。○阮元《校記甲》：推賢尚善曰讓。「推」，十行本誤作「惟」。○阮元《校記乙》：惟賢尚善曰讓。岳（毛）本「惟」作「推」。案：「推」字是也。閩本以下並不誤。○張鈞衡《校記》：恭惟賢尚。阮本同。案：謚法作「推」，當從。二本均誤。

九葉十五行疏　旁行則充溢四方。　「方」，十作「万」。

九葉十七行疏　向下向上。　「下」，十、永、阮作「不」。○阮元《校記甲》：向下向上。「下」，十行本誤作「不」。○阮元《校記乙》：向不向上。岳（毛）本、宋本「不」作「下」。案：「下」字是也。閩本以下並不誤。○張鈞衡《校記》：向不向上。阮本同。阮校勘記云「不」應作「上（下）」。

九葉十八行疏　正謂四方之外畔者。「正」，薈作「王」。

十葉一行疏　宜先及於人。「於」，毛作「于」。

十葉二行疏　言至於天地。「於」，平作「放」。

十葉三行經　克明俊德。○殿本《考證》：臣召南按：孔傳解「克明俊德」不据大學，而据中庸。九經尊賢在親親之前。蓋因古文「峻德」作「俊德」，故以俊乂、俊民、籲俊、宅俊解之。

十葉四行注　任用之以睦高祖玄孫之親。○山井鼎《考文》：「以睦高祖玄孫之親」下、「百姓百官」下，共有「也」字。

十葉四行釋文　馬鄭同。「鄭」，魏作「云」。

十葉六行經　黎民於變時雍。「黎」，永作「棃」。

十葉八行注　言天下衆民皆變化從上。「從」，八、李、王、纂、魏、平、岳、十、永、閩、阮作「化」。○山井鼎《考文》：言天下衆民皆變化從上。〔古本〕「從」作「化」。宋板、正德、嘉靖本同。〔古本〕「變化」下有「今」字。○岳本《考證》：皆變化化上。「化上」，武英殿注疏本及汲古閣本並作「從上」，唯永懷堂本作「化上」，與此同。○盧文弨《拾補》：民皆變化化上。古、宋各家本竝作「化上」，正義亦同，唯一處作「從上」。○阮元《校記甲》：皆變化從上。「化」下古本有「今」字。按：「今」或是「令」字之誤。「從」，古本、岳本、十行、正、嘉閩本、纂傳俱作「化」。○阮元《校記乙》：皆變化化上。岳本、閩本、纂傳同。毛本下「化」字作「從」。又古本「化」下有「令」字。按：「令」或是「今」字之誤。

十葉八行注　是以風俗大和。○山井鼎《考文》：是以風俗大和。〔古本〕下有「也」字。「重黎之後羲氏和氏」下、「昊天言元氣廣大」下並同。○阮元《校記甲》：是以風俗大和。「大」，纂傳作「太」。按：「大」字釋文不作音，當讀如字。纂傳恐非。阮元《校記乙》同。

十葉八行釋文　黎。力兮反。「兮」，纂作「亐」。

十葉十行疏　皆有禮儀照然而明顯矣。「照」，單、八、魏、平、十、永、殿、庫、阮作「昭」。○殿本《考證》：皆有禮儀昭然而明顯矣。臣浩按：後文「百姓宜明禮義」，此文亦應作「皆有禮義」。「儀」字誤也。「昭然」，監本訛「照然」，从舊本改。○浦鏜《正字》：昭然而明顯矣。「昭」誤「照」。○盧文弨《拾補》：昭然而明顯矣。毛本「昭」作「照」。「照」當作「昭」。○阮元《校記甲》：照然而明顯矣。「照」，十行本作「昭」，是也。○阮元《校記乙》：昭然而明顯矣。岳(毛)本、宋本「昭」作「照」，閩本以下同。○《定本校記》：皆有禮儀。殿本考證陳氏浩曰：按：後文「百姓宜明禮義」，此文亦應作「皆有禮義」，「儀」字誤也。

十葉十三行疏　然則俊德謂有德。又能明俊德之士者。○山井鼎《考文》：然則俊德謂有德又。〔宋板〕「又」作「人」。○浦鏜《正字》：又能明俊德之士者。「又」當「云」字誤。○

盧文弨《拾補》：然則俊德謂有德人能明俊德之士者。毛本「人」作「又」。「又」當作「人」。○阮元《校記甲》：然則俊德謂有德又。「又」，宋板作「人」，是也。阮元《校記乙》同。○劉承幹《校記》：又能明俊德之士者。阮本「又」作「文」，誤。○《定本校記》：然則俊德謂有德人。〔足利〕八行本如此。各本「人」作「又」，恐非。

十葉十四行疏　故言之親也。　「之」，要作「親」，殿、庫作「以」。○盧文弨《拾補》：故言以親也。毛本「以」作「之」，官本改。「之」當作「以」。

十一葉八行疏　後世所記。　「後」下要無「世」字。

十一葉九行疏　皆須導之以德義。　「導」，薈作「⿱道示」。

十一葉十一行疏　雍。和。釋訓文。　○浦鏜《正字》：雍，和。釋訓文。「雍」，爾雅作「廱」。

十一葉十二行疏　故知謂天下衆人。皆變化從上。　「從」，單、八、魏、平、十、永、閩、阮作「化」。「上」，平作「言」。○山井鼎《考文》：皆變化從上。〔宋板〕「從」作「化」，正、嘉同。謹按與註合矣。○阮元《校記甲》：故知謂天下衆人皆變化從上。「從」，宋板、十行、正、嘉閩本俱作「化」。山井鼎曰作「化」與注合矣。按：疏釋經云：「其萬國之衆人於是變化從上。」唯此句「從」字諸本皆同，無作「化」者。○阮元《校記乙》：故知謂天下衆人皆變化化上。宋本、閩本同。毛本「化」作「從」。山井鼎曰作「化」與注合。按：疏釋經云：「其萬國之衆人於是變化從上。」唯此句「從」字諸本皆同，無作「化」者。○劉承幹《校記》：故知謂天下衆人皆變化化上。毛本〔下〕「化」作「從」。按：疏下又云：「民言於變謂上從（從上）化。」似「從」字是。

十一葉十二行疏　**人俗大和。**　○浦鏜《正字》：風俗大和，即是太平之事也。「風俗」誤「人俗」。

十一葉十二行疏　**此經三事相類。**　「三」，平作「之」。

十一葉十二行疏　**古史交互立文。**　「互」，平作「玄」。

十一葉十四行疏　**但九族宜相親睦。**　「但」，單、八作「伹」。

十一葉十六行經　**乃命羲和。**　○盧文弨《拾補》：乃命羲和。「羲」，毛云从義从兮。

十一葉十七行經　**敬授人時。**　○山井鼎《考文》：敬授人時。〔古本〕「人」作「民」。○盧文弨《拾補》：敬授人時。「人」，古本作「民」。案：史記、漢書及洪範傳俱作「民」。注同。○阮元《校記甲》：敬授人時。「人」，古本作「民」。注同。按：唐以前引此句未有不作「民」者。疏云：「敬授下人以天時之早晚。」下人猶下民也。知孔疏所据之本猶作「民」字。後人因疏作「人」，並經、傳改之。自開成石經以後，沿譌至今。舜典「食哉惟時」，傳曰「惟當敬授民時」，此未經改竄者。阮元《校記乙》同。○《定本校記》：敬授人時。「人」，内野本、神宫本、足利本作「民」。注同。

十一葉十七行注　世掌天地四時之官。○阮元《校記甲》：世掌天地四時之官。史記集解無「四時」二字。按疏意似亦無此二字。阮元《校記乙》同。○《定本校記》：世掌天地四時之官。内野本、神宫本無「四時」二字，史記集解引亦無。阮氏云：案疏意似亦無此二字。

十二葉一行注　四方中星。「方」，王作「万」。

十二葉二行注　敬記天時。以授人也。○山井鼎《考文》：敬記天時，以授人也。〔古本〕「人」作「民」。

十二葉二行注　下別序之。○山井鼎《考文》：「下別序之」下、「居治東方之官」下、「朱鳥七宿」下、「轉以推季孟則可知」下、「交接曰尾」下、「此居南方之官」下、「謂夏至之日」下、「則七星見可知」下、「季孟亦可知」下，〔古本〕並有「也」字。

十二葉二行釋文　羲氏。掌天官。「官」，十作「宫」。

十二葉四行釋文　申曰實沈。「沈」，纂、魏作「沉」。

十二葉四行釋文　戌曰降婁。　「戌」，王、魏、平、十、永作「戍」，纂作「戉」。

十二葉四行釋文　亥曰娵訾。　「訾」，魏作「觜」，平作「觜」。○阮元《校記甲》：亥曰娵訾。「訾」，葉本作「觜」。

十二葉六行注　日出於谷而天下明。　○阮元《校記甲》：日出於谷而天下明。陸氏曰：本或作「日出於陽谷」，「陽」衍字。按：史記集解有「暘」字。阮元《校記乙》同。

十二葉七行釋文　馬云嵎。海嵎也。　「云」，王、纂、魏、十、永作「曰」。「海嵎」，毛作「海隅」。○物觀《補遺》：嵎，海隅。〔經典釋文〕「隅」作「嵎」。○浦鏜《正字》：嵎，海嵎也。下「嵎」字毛本誤「隅」。○阮元《校記甲》：嵎，海嵎也。下「嵎」字毛本作「隅」。

十二葉七行釋文　夷。萊夷也。　「萊」，永作「來」。

十二葉七行釋文　尚書考靈耀及史記作禺銕。　「耀」，殿、庫作「曜」。「禺銕」，平作「禹夷」。○殿本《考證》：尚書考靈耀及史記作禺銕。臣召南按：今本史記作「居郁夷」，是唐初陸氏所見本不同也。○浦鏜《正字》：尚書考靈曜及史記作禺銕。案：毛氏居正云：史記作「郁夷」，説文作「嵎崸」。「銕」，古「鐵」字，蓋「崸」誤爲「銕」也。

十二葉八行釋文　谷。工木反。　「木」，平作「末」。

十二葉八行釋文　又音欲。下同。　「同」，十、永作「司」。

十二葉十一行注　以務農也。　○《定本校記》：以務農。「農」下各本有「也」字，與疏標題不合，今删。

十二葉十一行釋文　出尺遂反。　平「出」下有「日」字，「尺」上有「上」字。

十二葉十二行釋文　馬作苹。普庚反。　「庚」，纂、魏作「耕」。

十二葉十四行注　轉以推季孟則可知。　○《定本校記》：轉以推季孟則可知。「季孟」二字内野本、神宮本倒。

十二葉十五行釋文　中。貞仲反。　「中」上平有「日」字。

十二葉十五行釋文　宿。音秀。　「宿」上平有「七」字。

十二葉十五行釋文　見。賢遍反。　「見」上平有「畢」字。

十二葉十七行釋文　析。星歷反。　「析」，永作「折」。

十二葉十八行釋文　乳。儒付反。　「乳」下平有「化上」二字。

十二葉十八行經　宅南交。　○殿本《考證》：傳：「南交，言夏與春交。」劉敞曰：傳非也。冬與秋交，秋與夏交，春與冬交，何不曰西交、北交、東交乎？四宅皆指地言，不當至於夏，獨以氣言也。本葢言「宅南曰交趾」，後人傳寫脱兩字耳。臣照按：今滇省有交水，疑即其地。既曰宅，則交必地名，不當以夏與春交爲解。惟是斷爲脱兩字，欲改作「宅南曰交趾」，則又似太鑿矣。○岳本《考證》：宅南交。蔡沈集傳引陳氏曰：「南交」下當有「曰明都」三字。即孔疏云「幽之與明，文恒相對。北既稱幽，南當稱明」。是也。至劉敞以地氣爲説，斷爲脱去兩字，欲改作「宅南曰交趾」，則失之鑿矣。

十三葉二行釋文　重。直用反。　「重」上平有「申」字。

十三葉二行經　平秩南訛。　○阮元《校記甲》：平秩南訛。按：史記「便程南譌」，集解引孔安國曰：譌，化也。索隱曰：爲，依字讀。孔安國强讀爲訛字。正義亦云：爲，音于僞反。然則史文及注皆當作「爲」，今作「譌」，非也。至孔本經傳亦皆當作「爲」。若經文本是「訛」字，可得云安國强讀耶。又羣經音辨人部云：僞，化也，音訛。書「平秩南僞」。蓋古文爲、譌通用。漢書王莽傳亦作「南僞」。按：今本史記「爲」作「譌」者，妄依衛包所改尚書。説詳段玉裁撰異。阮元《校記乙》同。

十三葉三行注　平敘南方化育之事。　「敘」，八、李、纂、魏、平、要、岳作「序」。○阮元《校記甲》：平敘南方化育之事。「敘」，岳本作「序」。

十三葉三行注　四時同之。　○阮元《校記甲》：四時同之。「時」，纂傳作「方」。阮元《校記乙》同。

十三葉四行釋文　訛。五和反。「訛」上平有「南」字。「和」，王、纂、魏、平、殿、庫作「禾」。○阮元《校記甲》：訛，五禾反。「禾」，十行本、毛本俱作「和」。

十三葉六行注　季孟亦可知。○《定本校記》：季孟亦可知。「季孟」二字，内野本、神宫本、足利本倒。

十三葉八行注　革。改也。「改」下八、平、要無「也」字。○山井鼎《考文》：革，改也。宋板無「也」字。○阮元《校記甲》：改易。革，改也。宋板無「也」字，與疏標目合。

十三葉十行注　則嵎夷東可知。○山井鼎《考文》：則嵎夷東可知。〔古本〕下有「也」字。

十三葉十行注　掌秋天之政也。「政」下八、王、纂、魏、平、要、岳無「也」字。○山井鼎《考文》：掌秋天之政也。宋板無「也」字。○浦鏜《正字》：掌秋天之政。下衍「也」字。○盧文弨《拾補》：掌秋天之政也。「也」，宋無，元有。○阮元《校記甲》：掌秋天之政也。宋板、岳本俱無「也」字，與疏標目合。纂傳有。

十三葉十行釋文　昧。武内反。冥。莫定反。「冥」上平無「昧武内反」四字。

十三葉十一行經　寅餞納日。○阮元《校記甲》：寅餞納日。按：「餞納」，羣經音辨作「淺内」。詳見釋文挍勘記。阮元《校記乙》同。

十三葉十一行注　日入言送。　「日」，平作「曰」。

十三葉十二行注　因事之宜。　○山井鼎《考文》：因事之宜。〔古本〕下有「也」字。

十三葉十二行注　秋西方。萬物成。　○山井鼎《考文》：秋西方，萬物成。〔古本〕「成」上有「咸」字。○盧文弨《拾補》：秋西方，萬物成。古本「物」下有「咸」字。○阮元《校記甲》：西方萬物成。「成」上古本有「咸」字。阮元《校記乙》同。○《定本校記》：萬物成。「成」上内野本、神宮本、足利本有「咸」字。

十三葉十二行注　助成物。　「物」下八、李、王、纂、魏、平、要、岳有「也」字。○山井鼎《考文》：助成物。〔古本〕作「助成萬物也」。宋板無「萬」字。○浦鏜《正字》：平序其政，助成物也。脱「也」字。○盧文弨《拾補》：助成物也。古本「物」上有「萬」字。毛本脱「也」字。古本、宋本及疏内標題皆有。○阮元《校記甲》：助成物。古本作「助成萬物也」。宋板、岳本俱作「助成物也」。阮元《校記乙》同。○《定本校記》：助成物也。「物」上内野本、神宮本、足利本有「萬」字。

十三葉十二行釋文　餞。賤衍反。馬云。滅也。滅。猶没也。　○阮元《校記甲》：餞。段玉裁云：「餞」本是「淺」字，開寶依唐石經改爲「餞」。餞安得訓爲滅也。按：羣經音義（辨）水部云：淺，送也，滅也，音餞。書「寅淺内日」。

十三葉十三行經　宵中星虚。　「宵」，永作「霄」。○張鈞衡《校記》：霄中星虚。阮本作「宵」。此本誤。

十三葉十四行注　互相備。　○山井鼎《考文》：「互相備」下、「以正三秋」下、「毛更生整理」下、「仲叔各有所掌」下、「日短冬至之日」下、「冬之三節」下、「以辟風寒」下，〔古本〕共有「也」字。

十三葉十六行注　與夏平也。　「平」，要作「田」。

十三葉十六行注　毛更生整理。　○物觀《補遺》：毛更生。古本「毛」下有「羽」字。○盧文弨《拾補》：毛更生整理。古本「毛」下有「羽」字。古本句末有「也」字。○阮元《校記甲》：毛更生整理。「毛」下古本有「羽」字。阮元《校記乙》同。○《定本校記》：毛更生整理。「毛」下内野本、神宫本、足利本有「羽」字。

十三葉十六行釋文　毛毨。下先典反。　王、纂、魏、平、殿、庫「毨」上無「毛」字，下無「下」字。○阮元《校記甲》：毨，先典反。十行本、毛本「毨」上俱有「毛」字，「毨」下俱有「下」字。

十三葉十七行釋文　可選取以爲器用也。　「也」，平作「之」。

十三葉十七行注　北稱朔。　「北」，八作「比」。

十三葉十八行注　北稱幽。則南稱明。從可知也。　「則」，八、要作「都」。○物觀《補遺》：北稱幽則南稱明從。宋板「則」作「都」。○阮元《校記甲》：北稱幽則南稱明。「則」，宋板作「都」。按：「則」字非也。阮元《校記乙》同。○《定本校記》：則南稱明。「則」，〔足利〕八行本作「都」，屬上句，與各本不同。案：疏云：「經冬言幽都，夏當云明都。傳不言都者，從可知也。」校者或誤讀疏文，謂傳「幽」下亦當有「都」字，輒改之。

十四葉二行注　察其政以順天常。　「常」，庫作「帝」。

十四葉二行注　上揔言羲和敬順昊天。　「揔」，毛、殿、庫作「總」。

十四葉三行釋文　別。音彼列反。　「別」上平有「分」字。「彼」上纂、魏、平、殿、庫無「音」字。

十四葉六行注　以辟風寒。　「辟」，要作「避」。

十四葉六行注　鳥獸皆生耎毳細毛以自温焉。　「皆」下要無「生」字。「耎」，李作「耎」，永、阮作「而」。「温」下八、要無「焉」字。○山井鼎《考文》：以自温焉。宋板無「焉」字。○盧文弨《拾補》：鳥獸皆生耎毳細毛以自温焉。宋本無「焉」字。○阮元《校記甲》：鳥獸皆生耎毳細毛以自温焉。陸氏曰：「耎，如兖反。本或作濡，音儒。」按：十行本誤作「而」。宋板無「焉」字，與疏標題不合。○阮元《校記乙》：鳥獸皆生而毳細毛以自温焉。岳本、閩本、明監本、毛本「而」作「耎」。陸氏曰：「耎，如兖反，本或作濡，音儒。」是作「而」字誤也。又宋板無「焉」字，與疏標題不合。○《定本校記》：以自温焉。〔足利〕八行本無「焉」字，與疏標題不合。

十四葉七行釋文　徐又音耎充反。「又」下王、纂、魏、平、殿、庫無「音」字。「耎」，王、纂、魏、平、毛、殿、庫、阮作「而」。「反」下平、殿、庫有「又如充反」四字。○山井鼎《考文》：補脱 又如充反〔據經典釋文〕。謹按 當在「徐又音而充反」下。○浦鏜《正字》：徐又音而充切。「而」，監本誤「耎」。○阮元《校記甲》：氄，徐又而充反，又如充反。「而」，十行本作「耎」。段玉裁云：「而充」當作「而允」，「如充」當作「如兖」。○張鈞衡《校記》：徐又音耎充反。阮本「耎」作「而」，誤脱下半字。

十四葉七行經　帝曰。咨。汝羲暨和。○山井鼎《考文》：帝曰：咨，汝羲暨和。〔古本〕「汝」作「女」。下皆同。○盧文弨《拾補》：帝曰：咨，汝羲暨和。古本「汝」作「女」，下竝同。○阮元《校記甲》：帝曰：咨，汝羲暨和。「汝」，古本作「女」。下皆同。阮元《校記乙》同。

十四葉八行經　朞。三百有六旬有六日。　○阮元《校記甲》：朞三百有六旬。「朞」，唐石經、纂傳俱作「期」。纂傳注同。阮元《校記乙》同。

十四葉九行注　匝四時曰朞。　「匝」，八、王、平作「迊」。「朞」，永作「碁」。○山井鼎《考文》：匝四時曰朞。〔古本〕「匝」作「迊」。宋板同。○浦鏜《正字》：匝四時曰朞。「匝」，釋文作「迊」，本字。○盧文弨《拾補》：迊四時曰朞。「迊」，毛本作「匝」，古本、宋本、釋文及疏内皆不作「匝」。五經筭術引作「帀」，是。○阮元《校記甲》：匝四時曰朞。「匝」，古本、宋板俱作「迊」。按：「迊」、「匝」並俗「帀」字。阮元《校記乙》同。

十四葉十行注　正三百六十日。　○山井鼎《考文》：正三百六十日。〔古本〕下有「也」字。

十四葉十行注　除小月六爲六日。是爲一歲有餘十二日。　「餘」，纂作「餘」。○浦鏜《正字》：除小月六又爲六日，是爲一歲餘十二日。脱「又」字。「一歲」下誤衍「有」字。從疏挍。○《定本校記》：是爲一歲有餘十二日。内野本、神宮本無「一」字。

十四葉十一行注　是得一月。　「是」，八、王、纂、魏、岳、永、殿、庫、阮作「足」，李、平作「定」。○山井鼎《考文》：是得一月，則置閏焉。〔古本〕「是」作「足」。宋板同。○浦鏜《正字》：未盈三歲，足得一月。「足得」誤「是得」。疏内同。從儀禮經傳通解挍。○岳本《考證》：足得一月。「足」字，殿本與此同。汲古閣及永懷堂本作「是」字，誤。○盧文弨《拾補》：未盈三歲，足得一月。毛本「足」作「是」。「是」當作「足」。○阮元《校記甲》：是得一月，則置閏焉。「是」，古本、宋板、十行本俱作「足」。按：「是」字非也。

十四葉十二行注　成一歲之曆象。○山井鼎《考文》：成一歲之曆象。〔古本〕下有「也」字。「歎其善」下同。

十四葉十二行釋文　匝。子合反。「匝」，王、平作「迊」。「子」，平作「孑」。○阮元《校記甲》：迊。十行本、毛本俱作「匝」字。按：當作「帀」。

十四葉十三行注　釐。治。○物觀《補遺》：古本「允，信。釐，治」，「治」作「理」。下「治百官」同。○盧文弨《拾補》：釐，治。古本「治」作「理」。下「信治」同。○阮元《校記甲》：釐，治。「治」，古本作「理」。下「治百官」同。阮元《校記乙》同。○《定本校記》：允，信。釐，治。「允信」二字，内野本、神宮本無。「治」字，内野本、神宮本、足利本作「理」。

十四葉十四行注　則能信治百官。○《定本校記》：則能信治百官。「治」，内野本、足利本作「理」。

十四葉十五行釋文　熙。許其反。興也。「興」，平作「廣」。

十四葉十六行疏　乃命有俊明之人羲氏和氏。○浦鏜《正字》：乃命有俊明之人云云。「明」當「德」字誤。○《定本校記》：乃命有俊明之人羲氏和氏。浦氏云：「明」當「德」

字誤。

十四葉十七行疏　曆此法象。　○《定本校記》：曆此法象，其日之甲乙。「此」字疑譌，待攷。

十四葉十八行疏　其揔爲一歲之曆。　「揔」，毛、殿、庫作「總」。

十四葉十八行疏　既舉揔目。　「揔」，閩、毛、殿、庫作「總」。「目」，閩作「日」。

十五葉一行疏　名曰暘明之谷。　「名曰暘明」，永作「明曰暘名」。

十五葉四行疏　以此天之時候。　「之時」，殿、庫作「時之」。○浦鏜《正字》：以此天時之後（候）。「時之」字誤倒。○盧文弨《拾補》：以此天之時候。「之時」，官本作「時之」，與下文同。○《定本校記》：以此天之時候。「之時」，殿本、浦氏倒，似與下文合。

十五葉四行疏　此時農事已起。　「此」下永無「時」字。○張鈞衡《校記》：此農事已起。阮本「此」下有「時」字，此本脱。

十五葉五行疏　於時鳥獸皆孕胎卵。　「卵」，八、永作「夘」，閩作「夘」。

十五葉五行疏　重命其羲氏而字叔者。　「羲」，庫作「義」，薈作「羲」。

十五葉六行疏　晝漏最多。　「晝」下要有「夜」字。「漏」，十作「滿」。

十五葉七行疏　天星大火東方七宿。　「大」，永作「太」。

十五葉七行疏　於時苗稼已殖。「已」，單、八、要作「以」。○山井鼎《考文》：苗稼已殖。〔宋板〕「已」作「以」。○盧文弨《拾補》：於時苗稼已殖。宋本「已」作「以」。○阮元《校記甲》：於時苗稼已殖。「已」，宋板作「以」。按：「已」、「以」古多通用。阮元《校記乙》同。

十五葉八行疏　老弱因共丁壯就在田野。「共」，阮作「一」。○張鈞衡《校記》：因共丁壯。阮本「共」作「一」，誤。或云應作「其」字。

十五葉八行疏　居治西方日所入處。「治」上要無「居」字。

十五葉九行疏　而日入在於西方。「日」下要無「入」字。

十五葉十行疏　於晝夜中分。漏刻正等。「於」，毛作「于」。「晝」，永作「畫」。○浦鏜《正字》：于晝夜中分，漏刻正等。「于」下當脱「日」字。「漏刻」前〔文〕作「刻漏」。○盧文弨《拾補》：于晝夜中分，漏刻正等。「于」，前〔文〕作「於日」。「漏刻」，前〔文〕作「刻漏」。

十五葉十一行疏　於時禾苗秀實。農事未閑。「閑」，庫作「閒」。○浦鏜《正字》：于時禾苗秀實，農事未閑。「閑」同「閒」。○盧文弨《拾補》：於時禾苗秀實，農事未閑。唐人每以「閑」代「閒」。

十五葉十四行疏　農事閑暇。「閑」，要、庫作「閒」。

十五葉十四行疏　皆處深隩之室。　「隩」，閩作「⿰阝甹」。

十五葉十四行疏　以自温煖。　「煖」，要作「暖」。

十五葉十四行疏　此是羲和敬天授人之實事也。　「羲」，十、永作「義」。

十五葉十五行疏　一朞之間。　「朞」，要作「期」，永作「朞」。「間」，單作「閒」。

十五葉十六行疏　若以閏月補闕。　「補」，八、要、十、永作「補」，平作「補」。「闕」，要作「厥」。

十五葉十七行疏　又以此歲曆告時授事。　「告」，平作「善」。

十五葉十七行疏　歎美羲和能敬天之節。　「美」，十作「羙」。

十五葉十八行疏　人神雜擾。　○浦鏜《正字》：九黎亂德，人神雜擾。「人」，國語作「民」。唐諱「民」爲「人」，後放此。「擾」，當依原文作「揉」。○盧文弨《拾補》：人神雜擾。「人」，國語本作「民」，避唐諱。「擾」，本作「揉」。

十六葉一行疏　不可方物。　「物」，閩作「伆」。

十六葉二行疏　其後三苗復九黎之德。　「德」，單、八、魏、平、要、十、永、閩、阮作「惡」。○物觀《補遺》：九黎之德。〔宋板〕「德」作「惡」。○盧文弨《拾補》：其後三苗復九黎之惡。「惡」，吕刑疏亦同。官本從國語作「德」。○阮元《校記甲》：其後三苗復九黎之德。「德」，宋板、十行、閩本俱作「惡」。按：作「惡」與國語楚語異。○阮元《校記乙》：其後三苗復九黎之惡。宋本、閩本同。毛本「惡」作「德」。按：作「惡」與國語楚語異。○《定本校記》：其後三苗復九黎之惡。「惡」，監本依楚語改作「德」，似是。徐氏友蘭羣書拾補識語云：本爲「悳」，譌「惡」。

十六葉二行疏　使復典之以至于夏商。「于」，要作「於」。

十六葉三行疏　世掌天地之官。「天」，阮作「大」。

十六葉三行疏　揚子法言云。「揚」，魏、十、永、閩、毛作「楊」。○浦鏜《正字》：揚子法言云云。「揚」，毛本誤「楊」。後並同。○盧文弨《拾補》：楊子法言云。「楊」當作「揚」，然唐人多不分。○阮元《校記甲》：楊子法言云。「楊」，十行、監本俱从手，閩本亦从木。按：楊子雲之楊從木不從扌，説詳段玉裁尚書撰異。閩本亦從木，是也。○阮元《校記乙》：揚子法言云。監本同。閩本揚从木作楊。按：楊子雲之楊從木不從扌，説詳段玉裁尚書撰異。閩本亦從木，是也。○張鈞衡《校記》：楊子法言。阮本「楊」作「揚」。

十六葉五行疏　重。即羲也。「羲」，庫作「義」。

十六葉五行疏　爲高辛氏火正。○浦鏜《正字》：鄭語云：「黎爲高辛氏火正。」脱「黎」字。○盧文弨《拾補》：鄭語云：「黎爲高辛氏火正。」「黎」，毛本無。浦補。當從。

十六葉六行疏　據世掌之文。　○山井鼎《考文》：據世掌之文。〔宋板〕「據」作「是」。○盧文弨《拾補》：是世掌之文。毛本「是」作「據」。「據」當作「是」。○阮元《校記甲》：據世掌之文。「據」，宋板作「是」。阮元《校記乙》同。○《定本校記》：據世掌之文。「據」，〔足利〕八行本作「是」。恐非。

十六葉八行疏　而以其弟吴回爲重黎。　○浦鏜《正字》：而以其弟吴回爲重黎。下脱「後」字。○盧文弨《拾補》：而以其弟爲重黎。案：史記楚世家有「後」字，但此疏自無。觀下云「史記并以重黎爲楚國之祖，吴回爲重黎，以重黎爲官號」云云，則本無「後」字，他處所引亦然。

十六葉八行疏　案昭二十九年左傳稱少昊氏有子曰重。　「案」，要作「按」。

十六葉九行疏　顓頊氏有子曰黎。　○浦鏜《正字》：顓頊氏有子曰黎。「黎」，左傳作「犂」。○盧文弨《拾補》：顓頊氏有子曰黎。「黎」，左傳作「犂」。

十六葉九行疏　則重黎二人。　「二」下要無「人」字。

十六葉十行疏　故束晳譏馬遷并兩人以爲一。　「束」，閩作「東」。「人」下平無「以」字。

十六葉十行疏　左傳稱重爲句芒。黎爲祝融。　「句」，八、要作「勾」。「黎」上要有「而」字。

十六葉十一行疏　明使重爲句芒。　「句」，八、要作「勾」，十、永作「旬」。「芒」，永作「若」。

十六葉十二行疏　句芒木官。　「句」，八作「勾」。

十六葉十二行疏　而外傳稱顓頊命南正司天火正司地者。　「傳」，十、永、阮作「轉」。

十六葉十三行疏　鄭答趙商云。　「答」，單、八、魏、平、十、永作「荅」。

十六葉十四行疏　皆云火掌爲地。　○阮元《校記甲》：火掌爲地。按：詩檜風正義引鄭志作「火當爲地」。阮元《校記乙》同。○《定本校記》：皆云火掌爲地。「掌」當爲「當」，「地」當爲「北」。皆字之譌也。詩檜譜正義所引鄭志不誤。袁氏鈞鄭氏佚書説同。

十六葉十五行疏　自顓頊以來。　「以」，單、八、魏、平、十、永、閩、阮作「已」。

十六葉十五行疏　句芒祝融。　「句」，八作「勾」。○張鈞衡《校記》：以民事句芒。阮本「句」作「旬」，誤。（彙校者案：阮本作「句」）。

十六葉十五行疏　皆以人事爲官。　「爲」，單、八、魏、平、十、永、閩、毛、殿、庫、阮作「名」。○殿本《考證》：勾芒祝融皆以人事名官。「名官」，監本訛「爲官」。据古本改正。○阮元《校記甲》：皆以人事名官。「名」，監本誤作「爲」。

十六葉十六行疏　共工氏在顓頊之前。　「工」，永作「王」。

十六葉十八行疏　當是異人。何有罪而誅。不容列在祀典。○浦鏜《正字》：何有罪而誅，不容列在祀典。「何」疑「既」字誤。○阮元《校記甲》：何有罪而誅。浦鏜云：「何」疑「既」字誤。許宗彥云：「何」字絶句。阮元《校記乙》同。

十七葉三行疏　以乾坤相配。「坤」，永作「神」。

十七葉三行疏　資生成物者地。○《定本校記》：資生成物者地。「資」，〔足利〕八行本誤作「貴」。

十七葉四行疏　黎司地以屬人。「司」，十、永、閩、阮作「言」。○阮元《校記甲》：黎司地以屬人。「司」，十行、閩本俱作「言」，誤。○阮元《校記乙》：黎言地以屬人。閩本同。毛本「言」作「司」。案：所改是也。

十七葉五行疏　人神又殊。「神」，永作「坤」。

十七葉五行疏　人神雜擾。「擾」，毛作「優」。○浦鏜《正字》：天地相通，人神雜擾。「擾」誤「優」。○盧文弨《拾補》：天地相通，人神雜擾。毛本「擾」作「優」。「優」當作「擾」。○阮元《校記甲》：天地相通，人神雜優。「優」，十行、閩、監俱作「擾」，是也。

十七葉七行疏　非即別掌之。「別」下平無「掌」字。

十七葉十行疏　**惟司天地。**　○浦鏜《正字》：顓頊之命重黎，惟司天地。「惟」，監本誤「怍」。

十七葉十行疏　**主岳與否。**　「與」，單、八、魏、平、十、永、閩、阮作「以」。○盧文弨《拾補》：主岳以否。毛本「以」作「與」。「以否」猶「與否」。疏内多如此。○阮元《校記甲》：主岳與否。「與」，十行、閩本俱作「以」。按：唐人「與否」多作「以否」。

十七葉十行疏　**設令亦主方岳。**　「主」，永作「生」。

十七葉十二行疏　**於周則冢宰司徒之屬。**　「宰」，庫作「宰」。

十七葉十四行疏　**伯夷爲秩宗。**　「宗」，閩作「宗」。

十七葉十五行疏　**但天地行於四時。**　「但」，八作「伹」。「於」，毛作「于」。

十七葉十七行疏　**是上代以來。**　「代」，閩作「代」。

十七葉十八行疏　**周禮太史掌正歲年以序事。**　「太」，殿、薈作「大」。

十七葉十八行疏　**日官居卿以底日。**　「底」，單、八、魏、平作「厎」。○浦鏜《正字》：日官居卿以厎日。「厎」音旨，誤作「底」。○盧文弨《拾補》：日官居卿以厎日。毛本「厎」作「底」，譌。

十七葉十八行疏　周之卿官。　○《定本校記》：周之卿官。「周」字誤，疑當作「居」，或當作「同」。

十八葉四行疏　元氣廣大。　「氣」，魏作「氣」。

十八葉四行疏　自下降監。　「下」，單、八、魏、平、十、永、閩、阮作「上」。○物觀《補遺》：自下降監。〔宋板〕「下」作「上」。○浦鏜《正字》：自上降監，則稱上天。「自上」誤「自下」。○盧文弨《拾補》：自上降監，則稱上天。毛本「自上」作「自下」。「自下」當作「自上」。○阮元《校記甲》：自下降監。「下」，宋板、十行、閩本俱作「上」，是也。

十八葉四行疏　則稱上天據遠視之蒼蒼然。　「視」，永作「親」。

十八葉五行疏　春氣博施。　「博」，八作「愽」，閩作「博」。

十八葉六行疏　故以遠言之。　○浦鏜《正字》：春氣博施，故以遠大言之。脱「大」字。從爾雅疏挍。○盧文弨《拾補》：夏氣高明，故以遠大言之。毛本「遠」下脱「大」字，浦據爾雅疏補。

十八葉六行疏　秋氣或生或殺。　「氣」，魏作「氣」。

十八葉六行疏　冬氣閉藏而清察。　「閉」，單作「閇」。

十八葉六行疏　尊而號之也。　○浦鏜《正字》：皇天者，尊而號之也。「尊而號之」，當從詩疏作「至尊之號」。

十八葉七行疏　以情所求言之耳。　○浦鏜《正字》：六籍之中，諸稱天者，以已情所求言之耳。脱「已」字，從周禮疏挍。

十八葉七行疏　非必於其時稱之。　「於」，毛作「于」。○盧文弨《拾補》：非必於其時稱之。毛本「於」作「于」。「于」當作「於」。

十八葉八行疏　推舉一星之中。　「推」，單、八、要、永、阮作「惟」，魏、平、十作「惟」。○山井鼎《考文》：推舉一星之中。〔宋板〕「推」作「惟」。○盧文弨《拾補》：惟舉一星之中。毛本「惟」作「推」。「推」當作「惟」。○阮元《校記甲》：推舉一星之中。「推」，宋板作「惟」。阮元《校記乙》同。

十八葉九行疏　即諸宿每日昏旦莫不當中。　「當」，單、八、魏、要、永作「常」，平作「嘗」，十作「嘗」。○山井鼎《考文》：莫不當中。〔宋板〕「當」作「常」。○盧文弨《拾補》：莫不常中。毛本「常」作「當」。「當」當作「常」。○阮元《校記甲》：莫不當中。「當」，宋板、十行俱作「常」。按：「常」字是也。

十八葉九行疏　摠謂二十八宿也。　「摠」，要作「揔」，毛、殿、庫作「總」。

十八葉十行疏　或以書傳云。主春者張。昏中可以種穀。主夏者火。昏中可以種黍。主秋者虛。昏中可以種麥。主冬者昴，昏中可以收斂。　○殿本《考證》：或以書傳云。主春者張。昏中可以種穀。主夏者火。昏中可以種黍。主秋者虛。昏中可以種麥。主冬者昴。昏中可以收斂。臣召南按：所引書傳乃書緯考靈耀之文。禮記月令疏亦引之，而字句微異。彼疏云：主春者鳥星，昏中可以種稷。主夏者心星，昏中可以種黍。主秋者虛星，昏中可以種麥。主冬者昴星，昏中則入山可以斬伐，具器械。此疏「種穀」，「穀」字似應作「稷」。○浦鏜《正字》：張昏中可以種穀。「穀」，史記正義作「稷」。○盧文弨《拾補》：昏中可以種穀。史記正義「穀」作「稷」。

十八葉十二行疏　非其旨矣。　「非」下要無「其」字。

十八葉十二行疏　昭七年左傳士文伯對晉侯之辭也。　「文」上要無「士」字。

十八葉十三行疏　每月之朔。月行及日而與之會。其必在宿分。　○孫詒讓《校記》：「其」下疑奪「會」字。

十八葉十三行疏　是日月所會之處。　「之」，永作「多」。

十八葉十四行疏　**舉其人△目所見。**　「人」，平作「大」。

十八葉十六行疏　**令以算△術推步。**　「算」，單、八、魏、平、十、永、閩作「筭」。

十八葉十六行疏　**具有分數節候△。**　「候」，平作「𠋫」。

十八葉十六行疏　**參差△不等。**　「差」，八作「羗」。

十八葉十七行疏　**實柴△祀日月星辰。**　「柴」，毛作「祡」。○浦鏜《正字》：實祡祀日月星辰。「祡」，監本依經文作「柴」。案：張參五經文字云：柴，本作祡，經典取燔柴之義，多從木。○盧文弨《拾補》：實祡。官本「祡」改「柴」。五經文字云：柴，本作祡，經典取燔柴之義，多從木。

十八葉十八行疏　**辰。謂日月所會十二次者△。**　○盧文弨《拾補》：辰，謂日月所會十二次。毛本「次」下有「者」字，衍。

十八葉十八行疏　**天之神祗△。**　「祗」，單、八、平、十、殿、薈、阮作「祇」。○浦鏜《正字》：天之神祇，禮無不祭。「祇」誤祗敬字。後同者不出。○盧文弨《拾補》：天之神祇，禮無不祭。毛本「祇」作「祗」，譌。下可類推。

十九葉一行疏　**亦以星辰爲一△。**　「一」，永作「之」。

十九葉二行疏　然則五星與日月皆別行。　「皆」下要無「別」字。

十九葉四行疏　但日由空道。　「但」，八作「伹」。

十九葉四行疏　似行自谷。　「似行自谷」，要作「以行谷」。

十九葉五行疏　而日從谷以出也。　「以」，單、八、魏、平、要、十、永、閩、阮作「之」。○物觀《補遺》：日從谷以出也。〔宋板〕「以」作「之」。○阮元《校記甲》：而日從谷以出也。「以」，宋板、十行、閩本、纂傳俱作「之」。按：作「之」似誤。○阮元《校記乙》：而日從谷之出也。宋本、閩本、纂傳並同。毛本「之」作「以」。○《定本校記》：而日從谷之出也。「之」，監本改作「以」。阮氏云「之」字似誤。

十九葉五行疏　故云暘谷嵎夷一也。　「暘」，十作「腸」。

十九葉六行疏　摠舉其目。　「摠」，毛、殿、庫作「總」。

十九葉九行疏　此羲和掌序天地。　「羲」上要無「此」字。

十九葉十行疏　以明所舉之域。　○《定本校記》：以明所舉之域地。「舉」，或當作「掌」。

十九葉十行疏　羲仲居治東方之官。　「羲」，平作「義」。

十九葉十一行疏　居在帝都而遥統領之。　「都」，永作「覩」。

十九葉十三行疏　寅。敬也。釋詁文。　「敬」下單、八、魏、平、十、永、阮無「也」字。○盧文弨《拾補》：寅，敬。釋詁文。毛本「敬」下有「也」字，衍。○阮元《校記甲》：正義曰：寅，敬也。十行本無「也」字。

十九葉十三行疏　釋詁以秩爲常。　「秩」，單作「袟」。

十九葉十五行疏　言順天時氣以勸課人務也。　「氣」，魏作「氣」。

十九葉十七行疏　西方之官。　「官」，永作「宫」。

十九葉十八行疏　勤於收藏。　「藏」，殿、庫作「斂」。

二十葉二行疏　各有疆場。　「疆」，八作「彊」，永作「畺」。「場」，閩、毛作「塲」，殿作「埸」。○浦鏜《正字》：即是授人田里，各有疆埸。「埸」，從易。毛本誤從昜。○盧文弨《拾補》：即是授人田里，各有疆埸。毛本「埸」作「場」，譌。○阮元《校記甲》：各有疆埸。「埸」，十行、監本並作「場」。

二十葉四行疏　但四時之功。　「但」，單、八作「伹」。

二十葉五行疏　明此以歲事初起時言東作。　「時」，單、八、魏、平、十、永、阮作「特」。○山井鼎《考文》：時言東作。〔宋板〕「時」作「特」。○盧文弨《拾補》：明此以歲事初起特言東作。毛本「特」作「時」。「時」當作「特」。○阮元《校記甲》：時言東作。「時」，宋板、十行俱作「特」，非也。○阮元《校記乙》：特言東作。宋本同。岳本、閩本、毛本「特」作「時」。案：作「特」非也。

二十葉六行疏　謂秋分夕日也。　「日」，魏、毛作「月」，永作「目」。○阮元《校記甲》：謂秋分夕月也。「月」，十行、閩、監俱作「日」。○《定本校記》：謂秋分夕日也。「日」，毛本改作「月」，似是。

二十葉六行疏　晝夜百刻。　「夜」下魏有「一」字。

二十葉八行疏　天之晝夜。　「晝」，要作「畫」。

二十葉八行疏　損夜五刻以裨於晝。　「五」，閩作「三」。「裨」，八作「稗」，要、十、永、閩、薈作「裨」。

二十葉九行疏　則晝多於夜復校五刻。　○浦鏜《正字》：則晝多于夜復挍五刻。「挍」，監本誤「校」。後同者不出。

二十葉九行疏　與太史所候。　「太」，殿、庫作「大」。

二十葉十一行疏　從春分至于夏至。晝暫長。增九刻半。夏至至于秋分。所減亦如之。從秋分至于冬至。晝漸短。減十刻半。從冬至至于春分。其增亦如之。　四「于」字，要皆作「於」。「暫長」，單、八、要、殿、庫作「漸長」。「于冬」，平作「干冬」。「漸短」，阮作「暫短」。

○山井鼎《考文》：晝暫長，增九刻半。〔宋本〕「暫」作「漸」。○殿本《考證》：晝漸長。「漸」，監本訛「暫」，今改正。○盧文弨《拾補》：從春分至于夏至，晝漸長。毛本「漸」作「暫」。「暫」當作「漸」。○阮元《校記甲》：晝暫長，增九刻半。「暫」，宋板、纂傳俱作「漸」，是也。○阮本二「暫」字孫詒讓均改爲「漸」。其《校記》云：「暫」，宋板、纂傳俱作「漸」，是也。見阮刻校勘記，盧未録。詒讓案：詩東方未明正義文與此略同，「暫」亦作「漸」。○張鈞衡《校記》：晝暫長。阮本「暫」作「漸」，是也。此本誤。又：晝漸短。阮本「漸」誤「暫」。

二十葉十二行疏　又於每氣之間。　「氣」，魏作「氣」。「間」，單作「閒」。

二十葉十三行疏　率九日增減一刻。　「刻」，薈作「半」。

二十葉十四行疏　日見之漏五十五刻。　「日見」，要作「見日」。

二十葉十四行疏　日見之漏四十五刻。　「日見」，要作「見日」。

二十葉十五行疏　因馬融所減而又減之。　「融」上要無「馬」字。

二十葉十七行疏　是天星有龍虎鳥龜之形也。　「鳥」，殿作「烏」。

二十一葉一行疏　故言鳥謂朱鳥七宿也。　「朱鳥」，毛作「朱雀」。○盧文弨《拾補》：謂朱鳥七宿也。毛本「鳥」作「雀」。「雀」當作「鳥」。下同。○阮元《校記甲》：故言鳥謂朱雀七宿也。「雀」，十行、閩、監俱作「鳥」。

二十一葉一行疏　揔舉七宿。「揔」，毛、殿、庫作「總」。

二十一葉二行疏　故殷爲正也。「也」，平作「出」。

二十一葉三行疏　此經冬夏言正。「正」，平作「中」。

二十一葉三行疏　計仲春日在金婁而入於酉地。「金」，單、八、魏、平、要、十、永、毛、殿、庫、阮作「奎」。○浦鏜《正字》：計仲春日在奎婁而入於酉地。「奎」，監本誤「金」。○阮元《校記甲》：計仲春日在奎婁。「奎」，閩、監俱誤作「金」。

二十一葉四行疏　井鬼在午。「鬼」，要作「魁」。「午」，平作「牛」。

二十一葉四行疏　柳星張在巳軫翼在辰。「柳」，平作「夘」。

二十一葉四行疏　是朱鳥七宿皆得見也。「鳥」，毛作「雀」。○物觀《補遺》：是朱雀七宿。〔宋板〕「雀」作「鳥」。○阮元《校記甲》：是朱雀七宿皆得見也。「雀」，宋板、十行、閩、監俱作「鳥」。

二十一葉五行疏　轉以推季孟之月。「推」，十作「惟」。

二十一葉五行疏　與四時相逆。「逆」，永作「逆」。

二十一葉七行疏　子助母。　「助」，要作「助」。

二十一葉八行疏　至于舉仲月以統一時。　要「于」作「於」，「一」作「三」。

二十一葉九行疏　星鳥星火爲季月。　「火」上平無「星」字。

二十一葉十行疏　皆摠三時之月。　「摠」，魏、阮作「㥵」，毛、殿、庫作「總」。

二十一葉十行疏　言各正三月之中氣也。　○浦鏜《正字》：言各正三月之中氣也。「正」，監本誤「王」。○阮元《校記甲》：言各正三月之中氣也。「正」，監本誤作「王」。

二十一葉十一行疏　仲月未中。　「未」，八作「末」。

二十一葉十一行疏　言日以正仲春。　○《定本校記》：言日以正仲春。此句有譌，待考。

二十一葉十二行疏　否應言以正仲春。　「否」，單、八、魏、平、要、十、永、毛、殿、庫、阮作「不」。○浦鏜《正字》：不應言以正仲春。「不」，監本誤「否」。○阮元《校記甲》：不應言以正仲春。「不」，閩、監俱誤作「否」。

二十一葉十二行疏　比諸王馬。　「比」，閩作「此」。「馬」，要作「氏」。

二十一葉十二行疏　冬寒至曰尾。　「曰」，平作「日」。

二十一葉十三行疏　訓愛也産生爲乳。　「訓」，要作「順」。

二十一葉十六行疏　見其時方皆掌之。「皆」，閩作「𣅜」。

二十一葉十七行疏　四時皆舉仲月之候。「候」，永作「侯」。

二十一葉十七行疏　春上無冬。「上」，平作「止」。

二十一葉十八行疏　禾苗秀穗。「穗」，永作「穂」。

二十二葉一行疏　亦胎生乳化之類。「類」，要作「頪」。

二十二葉四行疏　計七宿房在其中。「七」上要無「計」字。

二十二葉四行疏　但房心連體心統其名。「但」，八、平作「伹」。

二十二葉五行疏　特舉一星。「特」，要作「将」。

二十二葉五行疏　與鳥不類。「類」，要作「頪」。

二十二葉五行疏　計仲夏日在東井而入于酉地。「于」，要、阮作「於」。

二十二葉六行疏　是東方七宿皆得見也。「七」，要作「之」。

二十二葉七行疏　謂老弱因就在田之丁壯以務農也。○浦鏜《正字》：謂老弱因就在田之丁壯以務農也。「務」疑「輔」字誤。

二十二葉七行疏　故至夏始毛羽希少。「故」，閩作「放」。

二十二葉十行疏　但舉昧谷曰西。「但」，八、平作「伹」。

二十二葉十行疏　則嵎夷東可知。○浦鏜《正字》：則嵎夷東可知。「嵎」，監本誤「嵎」。

二十二葉十一行疏　傳於春言東方之官。「言」下要有「羲居治」三字。「東」，八作「義」。

二十二葉十一行疏　此言居治西方之官。「治」，平作「治」。

二十二葉十二行疏　傳餞送至成物。「物」下單、八、魏、平、十、永、閩、阮有「也」字。○盧文弨《拾補》：餞送至成物也。毛本脱「也」字，元本有，與傳合。○阮元《校記甲》：傳餞送至成物。「物」下十行、閩本俱有「也」字，與注相應。

二十二葉十四行疏　以此而從送入日也。「入日」，毛作「日入」。○阮元《校記甲》：以此而從送日入也。「日入」二字十行、閩、監俱倒。○阮元《校記乙》：以此而從送入日也。閩本、明監本同。毛本「入日」作「日入」。案：「入日」誤倒也。

二十二葉十六行疏　互著明也。「著」，單、八、魏、平、要、十、永、閩、阮作「者」。○阮元《校記甲》：互著明也。「著」，十行、閩本俱誤作「者」。○阮元《校記乙》：互者明也。岳(毛)本「者」作「著」。案：「著」字是也。閩本亦誤作「者」。○《定本校記》：互者明也。「者」，監本作「著」。

二十二葉十六行疏　宵中日亦中。「日」，平作「目」。

二十二葉十六行疏　足知日永則宵短。「足」，平作「定」。

二十二葉十七行疏　秋云納日。○《定本校記》：秋云納日。「日」，〔足利〕八行本誤作「月」。

二十二葉十八行疏　計仲秋日在角亢而入于酉地。「于」，要作「於」。

二十二葉十八行疏　斗牛在午。女虚危在巳。「牛」，毛作「女」。「午」，平作「牛」。○浦鏜《正字》：斗牛在午，女虚危在巳。「巳」誤「已」。「牛」，毛本誤「女」。○盧文弨《拾補》：斗牛在午。毛本「牛」作「女」。「女」當作「牛」。○阮元《校記甲》：斗女在午。「女」，十行、閩、監俱作「牛」。○阮元《校記乙》：斗牛在午。閩本、明監本同。毛本「牛」作「女」。

二十三葉一行疏　亦言七星皆以秋分之日昏時並見。「以」上八、要無「皆」字。○山井鼎《考文》：皆以秋分之日昏時。〔宋板〕無「皆」字。○盧文弨《拾補》：亦言七星以秋分之日昏時竝見。宋本「以」上無「皆」字。○阮元《校記甲》：皆以秋分之日。宋板無「皆」字。○《定本校記》：亦言七星皆以秋分之日昏時並見。〔足利〕八行本脱「皆」字。

二十三葉四行疏　盡也比方萬物盡。「比」，八作「比」。

二十三葉四行疏　萬物盡於北方。　「北」，要作「西」。

二十三葉五行疏　蘇而復生。故言北方。　○浦鏜《正字》：蘇而復生，故言北方。「北」當「朔」字誤。

二十三葉五行疏　羲和主四方之官。　「羲」，平作「義」。

二十三葉六行疏　其文互相發見也。　要「發」作「變」，無「見也」二字。

二十三葉八行疏　鄭云。夏不言曰明都三字。　「云」，要作「玄」。

二十三葉九行疏　摠言北方是萬物所聚之處。　「摠」，魏、阮作「惣」，毛、殿、庫作「總」。「北」，單、八、魏、平、要、十、永、閩、毛、殿、庫、阮作「此」。○浦鏜《正字》：總言此方是萬物所聚之處。「此」，監本誤「比」。後可知者不出。○阮元《校記甲》：總言此方是萬物所聚之處。「此」，監本誤作「比」。後可知者不悉校。

二十三葉十行疏　謂歲改易於北方者。　「北」，平作「此」。

二十三葉十行疏　冬入隩室。　「隩」，閩作「⿰阝粤」。

二十三葉十二行疏　釋詁云。　「詁」，八作「語」。

二十三葉十三行疏　故舜典之傳。　「典」，八作「與」。

二十三葉十三行疏　三時皆言平秩。　「秩」，十作「秋」。

二十三葉十五行疏　順常道也。　「順」，阮作「類」。○張鈞衡《校記》：順常道也。阮本「順」作「類」，誤。

二十三葉十五行疏　上揔言義和敬順昊天。　「揔」，魏、阮作「惣」，毛、殿、庫作「總」。

二十三葉十六行疏　非順天之事。　「非」，八作「明」。

二十三葉十六行疏　故重明之。　○殿本《考證》：臣召南又按：孔疏于「日短星昴，以正仲冬」似脱正義一段。○浦鏜《正字》：日短至三節。內有「西方七宿則昴爲中，故昴爲白虎之中星。計仲冬日在斗，入于申酉地。則初昏之時，奎婁在午，胃昴在巳，畢觜參在辰」四十五字。餘無考。○阮元《校記甲》：故重明之。浦鏜云：此下當脱「日短」至「三節」傳疏，內有「西方七宿則昴爲中，故昴爲白虎之中星。計仲冬日在斗，入於申酉地。則初昏之時，奎婁在午，胃昴在巳，畢觜參在辰」四十五字。餘無攷。阮元《校記乙》同。○《定本校記》：日短，冬至之日。殿本考證齊氏召南云：此節正義今本脱。浦氏説同。

二十三葉十六行疏　傳隩室至温焉。　「隩」，閩作「隩」。

二十三葉十七行疏　正義曰。釋宫云。　「宫」，八作「官」。

二十三葉十七行疏　**西南隅謂之隩△。**　「隩」，閩作「⿰阝粤」。○浦鏜《正字》：西南隅謂之隩。「隩」，爾雅作「奥」。○盧文弨《拾補》：西南隅謂之隩。爾雅「隩」作「奥」。

二十三葉十七行疏　**室中隱隩△之處也。**　「隩」，閩作「⿰阝粤」。

二十三葉十七行疏　**隩△是室△内之名。**　「隩」，閩作「⿰阝粤」。「室」，十作「至」。

二十三葉十七行疏　**故△以隩△爲室也。**　「以」上魏無「故」字。「隩」，閩作「⿰阝粤」。

二十四葉一行疏　**故以耎△毛△解之。**　「耎毛」，單、八、魏、平、十、永作「耎毳」，阮作「耎毳」。○物觀《補遺》：以耎毛解之。〔宋板〕「毛」作「毳」。○盧文弨《拾補》：故以耎毳解之。毛本「毳」作「毛」。「毛」當作「毳」。○阮元《校記甲》：故以耎毛解之。「毛」，宋板、十行俱作「毳」。按：「毛」字誤。

二十四葉一行疏　**咨嗟至△曆象。**　「嗟」下永無「至」字。

二十四葉一行疏　**咨。嗟△。暨。與。皆釋詁△文也。**　「詁」，單作「詁」。○浦鏜《正字》：咨，嗟。暨，與。皆釋詁文也。「嗟」，爾雅作「蹉」，古字。

二十四葉一行疏　**匝△四時曰朞。**　「匝」，單作「迊」，八、平、十、永、阮作「迊」，魏作「逆」。

二十四葉二行疏　**朞。即匝△也。**　「匝」，單作「迊」，八、平、十、永、阮作「迊」，魏作「逆」。

二十四葉二行疏　**然古時真曆。**　「古」上要無「然」字。

二十四葉二行疏　**雖詳於五紀之論。**　「詳」，八作「以」。「五」，永作「互」。

二十四葉三行疏　**周天三百六十五度四分度之一。**　「三」，魏、十、永、阮作「二」。○阮元《校記甲》：周天三百六十五度四分度之一。「三」，十行本誤作「二」。○阮元《校記乙》：周天二百六十五度四分度之一。宋本「二」作「三」，「三」字是也。閩本以下皆不誤。○張鈞衡《校記》：周天二百六十五度。阮本同。毛本作「三」，是也。

二十四葉三行疏　**而日日行一度。**　「而」下八不重「日」字。○山井鼎《考文》：而日日行一度。〔宋板〕無一「日」字。○阮元《校記甲》：而日日行一度。宋板「日」字不重。○《定本校記》：而日日行一度。〔足利〕八行本脱一「日」字。

二十四葉三行疏　**則一朞三百六十五日四分日之一。**　「朞」，要作「期」。

二十四葉四行疏　**今考靈曜乾鑿度諸緯皆然。**　「靈」，八作「筮」。

二十四葉四行疏　**王肅云。四分日之一。**　「分」下平無「日」字。

二十四葉七行疏　**故未至盈滿三歲。是得一月。則置閏也。**　「是」，單、八、魏、平、十、永、阮作「足」。○山井鼎《考文》：三歲是得一月，則置閏也。〔宋板〕「是」作「足」。謹按與註合矣。○盧文弨《拾補》：滿三歲足得一月，則置閏也。毛本「足」作「是」。「是」當作「足」。○阮元《校記甲》：是得一月，則置閏也。「是」，宋板、十行俱作「足」。山井鼎曰與注合。

二十四葉七行疏　以時分於歲。　「時」上魏無「以」字。

二十四葉八行疏　歲揔於時。　「揔」，魏作「揔」，毛、殿、庫作「總」。

二十四葉九行疏　爲每月二十九日過半。　「過」，十作「遇」。

二十四葉九行疏　日之於法。分爲日九百四十分日之四百九十九。即月有二十九日半强。爲十二月六大之外。有餘分三百四十八。是除小月無六日。又大歲三百六十六日。小歲三百五十五日。則一歲所餘。無十二日。今言十二日者。　○浦鏜《正字》：日之于法，分爲日九百四十分。當依經傳通解本作「歷法以一日分爲九百四十分」。又：日之四百九十九云云至今言十二日。經傳通解作「日之行也，日一度。其爲十二月，以三百六十日。是一歲所餘，凡五日九百四十分之二百三十五。月之行也，日十三度十九分度之七。常以二十九日半又九百四十分日之二十九而與日會。是一歲三百五十四日三百四十八分外，所餘凡五日九百四十分日之五百九十二。以五百九十二并二百三十五，是一歲日月所餘，共十日九百四十分日之八百二十七。今言十二日」云云。○盧文弨《拾補》：日之於法分爲日九百四十分日之四百九十九，即月有二十九日半强，爲十二月六大之外，有餘分三百四十八，是除小月無六日。「日之於法分爲日」，似當作「日法九百四十分爲日」。浦欲依經傳通解改此之誤。余謂通解出自後人改定，不當以彼易此。且此文略正數字便自明白。○《定本校記》：分爲日九百四十分日之四百九十九。「爲」下疑當補「九百四十分爲」六字。

二十四葉十行疏　有餘分三百四十八。「餘」，單、八、魏、平、十、永、阮作「日」。○山井鼎《考文》：有餘分三百四十八。〔宋板〕「餘」作「日」。○盧文弨《拾補》：有餘分三百四十八。「餘」，宋、元本作「日」。○阮元《校記甲》：有餘分三百四十八。「餘」，宋板、十行本俱作「日」。按：「餘」字是也。○阮元《校記乙》：有日分三百四十八。宋本同。毛本「日」作「餘」。按：「餘」字是也。

二十四葉十一行疏　正十一日弱也。「正」，要作「止」。

二十四葉十五行疏　其小月雖爲歲日殘分所減。「日」，要、毛作「月」。○浦鏜《正字》：其小月雖爲歲日殘分所減。「日」，毛本誤「月」。○盧文弨《拾補》：其小月雖爲歲日殘分所減。毛本「日」作「月」。「月」當作「日」。○阮元《校記甲》：雖爲歲月殘分所減。「月」，十行、閩、監俱作「日」。○阮元《校記乙》：雖爲歲日殘分所減。閩本、明監本同。毛本「日」作「月」。

二十四葉十八行疏　以日法九百四十除之。○浦鏜《正字》：以日法九百四十分除之。脱「分」字。○盧文弨《拾補》：以日法九百四十分除之。毛本脱「分」字。

二十五葉一行疏　今爲閏月得七。○浦鏜《正字》：合爲閏月得七。下通解有「閏」字。「合」誤「今」。○盧文弨《拾補》：今爲閏月得七。通解「七」下有「閏」字。

二十五葉一行疏　七月爲二百三日。「月」，要作「百」。

二十五葉一行疏　又每四百九十九分。以七乘之。得三千四百九十三。「七」，永作「十」。○浦鏜《正字》：又每四百九十九分，以七乘之，得三千四百九十三。通解作「又七个月餘各四百九十九分，合爲三千四百九十三」。

二十五葉二行疏　以日法九百四十分除之。得三日。以二百三日亦爲二百六日。○浦鏜《正字》：以日法九百四十分除之，得三日，共爲二百六日云云。「共爲」二字誤「以二百三日亦爲」七字。○盧文弨《拾補》：以日法九百四十分除之，得三日，以并二百三日，亦爲二百六日。毛本脱「并」字，依上文補。○阮元《校記甲》：以二百三日亦爲二百六日。按：「以」字下疑脱「并」字。阮元《校記乙》同。○《定本校記》：以二百三日亦爲二百六日。盧氏「以」下補「并」字，似是。

二十五葉三行疏　不盡亦六百七十三爲日餘。亦相當矣。所以無閏時不定歲不成者。若以閏無。三年差一月。

「者」，要作「也」。「閏無」，要作「無閏」。○浦鏜《正字》：爲日餘亦相當矣云云至若以閏無三年。通解作「是爲一章之數。二十七章爲一會。三會爲一統。三統爲一元。章會統元運于無運。若無閏三年」云云。○盧文弨《拾補》：若無閏，三年差一月。毛本「若」下有「以」字，衍。「無閏」，舊誤倒。

二十五葉四行疏　歲何得成乎。

「何」下要有「由」字。

二十五葉六行疏　斗指兩辰之間。

「間」，單、平作「閒」。

二十五葉六行疏　故以爲閏也。

○浦鏜《正字》：無中氣，故以爲閏也。「故」，通解作「所」。○盧文弨《拾補》：故以爲閏也。通解「故」作「所」。

二十五葉六行疏　允信至其善。

○《定本校記》：傳允信至其善。「信」，〔足利〕八行本誤作「言」。

二十五葉七行疏　他皆倣此類也。

「倣」，單、八、魏、平、十、永、阮作「放」。

二十五葉九行經　疇咨若時登庸。

「登」，閩作「登」。

二十五葉十行釋文　疇。直由反。

「由」，王、岳作「田」。

二十五葉十二行注　吁。疑怪之辭。　「吁」，平作「可」。

二十五葉十二行注　又好争訟。　「又」，平作「文」。

二十五葉十三行注　言不可。　○山井鼎《考文》：「言不可」下、「歎美之辭」下、「聚見其功」下，〔古本〕並有「也」字。

二十五葉十三行釋文　放。方往反。註同。　「註」，十作「詿」。「反」下魏無「註同」二字。

二十五葉十三行釋文　胤。引信反。馬云嗣也。　「反」下魏無「馬云嗣也」四字。

二十五葉十三行釋文　徐往付反。一音于。　「反」下魏無「一音于」三字。

二十五葉十三行釋文　訟。才用反。馬本作庸。好。呼報反。下註同。争。鬬也。　纂無「訟，才用反。馬本作庸。好，呼報反」十二字。魏無「下註同。争，鬬也」六字。「才」，平作「下」。「好」上平有「又」字。「鬬」，永作「鬭」。

二十五葉十五行注　復求誰能順我事者。　○《定本校記》：復求誰能順我事者。内野本、神宮本無「誰」字。

二十五葉十五行釋文　予。音餘。　「予」上平有「若」字。

二十五葉十五行釋文　復。扶又反。　「復」下平有「求上」二字。

二十五葉十五行經　驩堄曰。　○盧文弨《拾補》：驩兜曰。「兜」，从兆从皃省。今左旁从土，下从几，譌。下同。「曰」，古文作「鴅吺曰」。

二十五葉十八行釋文　堄。丁侯反。　○浦鏜《正字》：驩兜音義丁侯切。「丁」，監本誤「于」。

二十五葉十八行釋文　共。音恭。　「共」下平有「工上」二字。

二十五葉十八行釋文　於。音烏。　平「於」上有「都」字，「音」上有「下」字。

二十五葉十八行釋文　稱。尺證反。　「稱」上平有「官」字。

二十六葉二行注　起用行事而違背之。　「違背」，八、李、魏、平作「背違」。○山井鼎《考文》：起用行事而違背之。〔古本〕「違背」作「背違」。宋板同。○盧文弨《拾補》：起用行事而背違之。「背違」今倒，此從古本、宋本。○阮元《校記甲》：而違背之。「違背」二字古本、宋板俱倒。

二十六葉二行注　貌象恭敬。　「貌」，王作「皃」。

二十六葉二行注　而心傲狠。　「狠」，八、李、王、纂、魏、岳、殿、庫、阮作「很」，毛作「狼」。○物觀《補遺》：貌象恭敬，而心傲狼。〔古本〕「狼」作「狠」。宋板同。○浦鏜《正字》：而心傲很若漫天。「很」誤「狼」，下誤「狠」。後同者不出。○盧文弨《拾補》：貌象恭敬，而心傲很。毛本「很」作「狠」，譌。○阮元《校記甲》：而心傲狠。「狠」，古本、岳本、宋板、十行、閩本、纂傳俱作「很」，是也。

二十六葉二行注　言不可用。○山井鼎《考文》：言不可用。〔古本〕下有「焉」字。○阮元《校記甲》：言不可用。古本下有「焉」字。○《定本校記》：言不可用。燉煌本、内野本、神宫本無「言」字。

二十六葉三行釋文　滔。吐刀反。「吐」，殿、庫作「土」。○阮元《校記甲》：滔，土刀反。「土」，十行本、毛本俱作「吐」。按：「吐刀」即「土刀」。

二十六葉三行釋文　漫。末旦反。下同。「反」下魏無「下同」二字。

二十六葉三行釋文　傲。五報反。下同。「反」下魏無「下同」二字。

二十六葉六行釋文　狠。恨懇反。「狠」，王、纂、魏、平、殿、薈、阮作「很」。「恨」，纂作「胡」。

二十六葉六行釋文　湯。音傷。「湯」，平重作「湯湯」。「音」上纂有「並」字。

二十六葉六行釋文　洪。音户工反。「户」上王、纂、魏、平、殿、庫無「音」字。

二十六葉七行注　蕩蕩。言水奔突。「水」，十、永、閩、阮作「之」。○阮元《校記甲》：蕩蕩，言水奔突。「水」，十行、閩本俱誤作「之」。○阮元《校記乙》：蕩蕩，言之奔突。閩本同。毛本「之」作「水」，是也。

二十六葉七行注　有所滌除。　「滌」，十作「條」。○山井鼎《考文》：有所滌除。〔古本〕下有「也」字。

二十六葉八行釋文　浩。胡老反。　「浩」，平重作「浩浩」。

二十六葉八行釋文　滌。大歷反。　「滌」，十、閩作「條」。

二十六葉八行釋文　上。時掌反。　「上」上平有「襄」字。

二十六葉九行注　治也言民咨嗟憂愁。　「嗟」，李作「差」。

二十六葉十行注　有能治者將使之。　「治」，毛作「冶」。○山井鼎《考文》：有能治者將使之。〔古本〕作「有能治者將使治也」。○盧文弨《拾補》：有能治者將使之。古本「將使之」作「將使治也」。○阮元《校記甲》：有能治者將使之。古本作「有能治者將使治也」。阮元《校記乙》同。○《定本校記》：有能治者將使之。「之」，内野本、神宮本、足利本作「治也」二字。

二十六葉十行釋文　俾。必爾反。　「爾」，纂作「已」。

二十六葉十一行釋文　於。音烏。　「於」上平有「曰」字。

二十六葉十一行釋文　朝。直遥反。　「朝」下平有「臣上」二字。

二十六葉十二行經　方命圮族。　「圮」，石作「圯」。○盧文弨《拾補》：方命圮族。「圮」，毛云「从戊己之己」。○阮元《校記甲》：方命圮族。按：羣經音辨匸部云：匸，放也，甫妄切。書「匸命圮族」。○阮元《校記乙》同。

二十六葉十二行注　凡言吁者。皆非帝意。　「帝」，永作「常」。○山井鼎《考文》：凡言吁者，皆非帝意。〔古本〕「意」上有「所」字。○盧文弨《拾補》：皆非帝意。古本「帝」下有「所」字。案：疏正合。○阮元《校記甲》：皆非帝意。「意」上古本有「所」字。○《定本校記》：皆非帝意。「帝」下燉煌本、内野本、神宫本、足利本有「所」字。

二十六葉十二行注　咈。戾。　「戾」，毛作「戻」。

二十六葉十三行注　圮。毁。　「圮」，八作「元」。

二十六葉十三行注　言鯀性狠戾。　「狠」，八、李、王、纂、魏、平、岳、殿、薈、阮作「很」。

二十六葉十三行注　好此方名。命而行事。　「此」，李、纂作「比」。○盧文弨《拾補》：好比方名命。毛本「比」作「此」。「此」當作「比」。○阮元《校記甲》：好此方名。毛氏曰：「比」作「此」，誤。按：纂傳作「比」，與毛説合。又爾雅釋詁「虧、壞、圮、垝，毁也」疏引此傳正作「比」。孫志祖云：疏兩言「好此方直之名」，亦皆當改爲「比」。岳本亦誤作「此」。阮元《校記乙》同。

二十六葉十四行注　輒毀敗善類。　○山井鼎《考文》：輒毀敗善類。〔古本〕下有「也」字。

二十六葉十四行釋文　方。如字。　「方」下平有「命」字。

二十六葉十四行釋文　馬云。方。故也。　「故」，纂、魏、平、岳、毛、殿、庫、阮作「放」。

二十六葉十四行釋文　圯。音皮美反。　「皮」上王、纂、魏、平、岳、殿、庫無「音」字。

二十六葉十四行釋文　戾。音力計反。　「力」上王、纂、魏、平、岳、殿、庫無「音」字。

二十六葉十五行注　异。已也。退也。　「已也」，八、李、王、魏、平、岳作「已已」。○山井鼎《考文》：异，已也，退也。〔古本〕作「异，已也。已，退也」。宋板同，但無上「也」字。○浦鏜《正字》：已退也。「已」誤「也」。○盧文弨《拾補》：异，已。已，退也。毛本下「已」作「也」。「也」當作「已」。疏不誤。○阮元《校記甲》：异，已也，退也。古本作「异，已也。已，退也」。宋板、岳本、史記正義俱作「异，已。已，退也」。纂傳與今本同。按：今本之誤甚明，纂傳疑後人妄改。阮元《校記乙》同。

二十六葉十五行注　唯鯀可試。　「唯」，纂、岳作「惟」。

二十六葉十六行注　無成乃退。　○山井鼎《考文》：無成乃退。〔古本〕作「無成功乃退也」。○盧文弨《拾補》：無成乃退。古本作「無成功乃退也」。○阮元《校記甲》：無成乃退。古本作「無成功乃退也」。阮元《校記乙》同。○《定本校記》：無成乃退。內野本、神宮本、足利本「成」下有「功」字。

二十六葉十六行釋文　异。徐云。鄭音異。孔王音怡。「怡」下平、殿、庫有「巳也」二字。○山井鼎《考文》：异，孔王音怡。經典釋文「怡」下有「巳也」二字。謹按今註疏本所引釋文，字義存于註者皆裁不收載，此註异「巳也」之類是也。下「否，方九反，不也」、「忝，音他簟反，辱也」，經典釋文具而今本略矣。他皆類此。

二十六葉十七行注　堯知其性狠戾圮族。「狠」，八、李、王、纂、魏、平、岳、殿、庫、阮作「很」。「圮」，平作「圯」。

二十六葉十八行注　而據衆言可試。○《定本校記》：而衆據言可試。「衆據」二字各本倒，今據燉煌本正。

二十六葉十八行注　故遂用之。○山井鼎《考文》：故遂用之。〔古本〕「之」作「也」。○阮元《校記甲》：故遂用之。「之」，古本作「也」。

二十七葉一行注　則放退之。○山井鼎《考文》：則放退之。〔古本〕下有「也」字。「老將求代」下、「帝位之事」下、「辭不堪」下、「乃不獲已而言之」下、「然其所舉」下、「瞍無目之稱」下、「象舜弟之字」下、「言並惡」下、「不至於姦惡」下、「觀其行迹」下、「女妻」下並同。

二十七葉一行疏　帝曰疇咨若予至九載績用弗成。　單、八、魏、平「咨」下無「若予」二字，「至」下無「九載績用」四字。○山井鼎《考文》：帝曰疇咨若予至九載績用弗成。〔宋板〕作「帝曰疇咨至弗成」。○盧文弨《拾補》：帝曰疇咨至弗成。宋本如此。○阮元《校記甲》：帝曰疇咨若予至九載績用弗成。宋板作「帝曰疇咨至弗成」。阮元《校記乙》同。

二十七葉二行疏　史又敘堯事。　「敘」，單、八、魏、平、十、永、阮作「序」。

二十七葉四行疏　其名曰朱。　「朱」，閩作「未」。

二十七葉七行疏　及起用行事而背違之。　「背」，永作「皆」。

二十七葉七行疏　而心傲狠若漫天。　「狠」，單、八、魏、平、殿、庫、阮作「很」。

二十七葉八行疏　求人治之。　「治」，永作「治」。

二十七葉九行疏　而告以須人之意。　「意」，庫作「恴」。

二十七葉九行疏　所在方方爲害。　「害」，殿、庫作「山」。

二十七葉十行疏　包裹高山。　「裹」，魏作「裏」。

二十七葉十行疏　浩浩盛大。　○浦鏜《正字》：浩浩盛大。「盛」，監本誤「成」。○阮元《校記甲》：浩浩盛大。「盛」，監本誤作「成」。

二十七葉十一行疏　其人心狠戾哉。「狠」，單、八、魏、平、殿、庫、阮作「很」。

二十七葉十一行疏　好此方直之名。「此」，八作「比」。

二十七葉十四行疏　鯀治水九載。「九」與「載」之間八爲一字空白。○物觀《補遺》：鯀治水九載。〔宋板〕「九」下空一字。○阮元《校記甲》：鯀治水九載。「九」下宋板空一字。阮元《校記乙》同。

二十七葉十五行疏　但歷言朝臣不賢。「但」，八作「佀」。

二十七葉十六行疏　釋詁文。「詁」，魏作「訃」。

二十七葉十七行疏　庶績多闕。「庶」，薈作「庻」。

二十七葉十七行疏　欲用以代羲和。「羲」，十作「義」。

二十七葉十八行疏　別代他官。「官」，八作「盲」。

二十七葉十八行疏　告時授事而已。「時」，平作「時」。

二十七葉十八行疏　乃是百官之事。「是」上要無「乃」字。

二十八葉一行疏　非復羲和之職。「羲」，十作「義」。

二十八葉一行疏　但羲和告時授事。「但」，八作「佀」。

二十八葉二行疏　此經文承庶績之下而言順是事者△。　「者」，毛作「也」。○物觀《補遺》：順是事也。〔宋板〕「也」作「者」。○浦鏜《正字》：此經文承庶績之下而言順是事者。「者」，毛本誤「也」。○盧文弨《拾補》：此經文承庶績之下而言順是事者。毛本「者」作「也」。「也」當作「者」。○阮元《校記甲》：而言順是事也。「也」，宋板、十行、閩、監俱作「者」。

二十八葉三行疏　蓋求卿士用任△也。　「任」，要作「他」。

二十八葉五行疏　不必與治水同時△也。　「時」，平作「時」。

二十八葉六行疏　固當博△訪朝臣。　「博」，八作「慱」，平作「愽」。

二十八葉七行疏　但△此無岳對。　「但」，單作「伹」，平作「伹」。

二十八葉十行疏　啓之△爲△開△。　「之爲開」，要作「云開為」。

二十八葉十一行疏　僖二十四年左傳△曰。　「左」下魏無「傳」字。

二十九葉一行疏　史以上△承庶績之下。　「承」上永無「上」字。

二十九葉四行疏　舜△典命垂作共工。　「舜」，庫作「辭」。

二十九葉五行疏　時見居官△。　「官」，十作「宮」。

二十九葉八行疏　貌恭心狠。　「狠」，單、八、魏、平、閩、殿、庫、阮作「很」。

二十九葉九行疏　醜類惡物。　「惡」，閩作「悪」。

二十九葉九行疏　妄相薦舉。　閩「妄」作「㝃」，「舉」作「擧」。

二十九葉十行疏　正義曰。靜。謀。釋詁文。　○浦鏜《正字》：靜，謀。釋詁文。「靜」，爾雅作「靖」。○盧文弨《拾補》：靜，謀。釋詁文。「靜」，爾雅作「靖」，通。

二十九葉十一行疏　皆合於道。　「皆」、「合」之間單有一字空白。

二十九葉十一行疏　及起用行事而背違之。　「違」，閩作「違」。

二十九葉十一行疏　而心傲狠。　「狠」，單、八、魏、平、閩、殿、庫、阮作「很」。

二十九葉十二行疏　言貌恭而心狠也。　「狠」，單、八、魏、平、閩、殿、庫、阮作「很」。

二十九葉十三行疏　共工之巧言令色。　「工」，閩作「二」。

二十九葉十四行疏　不才揔萃。　「揔」，毛、殿、庫作「總」。

二十九葉十五行疏　大禹致力。　「大」上要有「而」字。「力」，薈作「功」。

二十九葉十六行疏　見此徒之多罪。　「徒」，永作「徒」。

二十九葉十六行疏　惢釁自生。　「釁」，單作「釁」。

二十九葉十八行疏　**四岳至稱焉。**　「稱」，閩作「帝」。

二十九葉十八行疏　**云宅嵎夷朔方。**　「朔」，閩作「朔」。

三十葉一行疏　**今王朝大臣。**　○山井鼎《考文》：今王朝大臣。〔宋板〕「今」作「令」。○阮元《校記甲》：今王朝大臣。「今」，宋板作「令」。盧文弨云：宋板非。○《定本校記》：今王朝大臣。「今」，〔足利〕八行本誤作「令」。

三十葉一行疏　**是與羲和所掌。其事爲一。**　○浦鏜《正字》：是與羲和所掌，其事爲一。「其」，毛本誤「共」。（彙校者案：毛本作「其」，中二横殘缺。）

三十葉一行疏　**以此知四岳即上羲和之四子也。**　○浦鏜《正字》：以此知四岳即上羲和之四子也。下「四」字監本誤「曰」。○阮元《校記甲》：即上羲和之四子也。「四」，監本誤作「曰」。

三十葉二行疏　**故稱焉。**　○浦鏜《正字》：以其分掌四岳之諸侯，故稱焉。「焉」，監本誤「為」。

三十葉二行疏　**舜典稱巡守至于岱宗。**　「于」，要作「於」。

三十葉二行疏　**肆覲東后。**　「覲」，八、十作「覲」。

三十葉五行疏　書傳雖出自伏生。其常聞諸先達。　「常」，單、八、魏、平作「當」。○山井鼎《考文》：其常聞諸先達。〔宋板〕「常」作「當」。○盧文弨《拾補》：書傳雖出自伏生，其當聞諸先達。毛本「當」作「常」。「常」當作「當」。○阮元《校記甲》：其常聞諸先達。「常」，宋板作「當」。阮元《校記乙》同。

三十葉五行疏　虞傳雖説舜典之四岳。　○盧文弨《拾補》：虞傳雖説舜典之四岳。「虞」當作「唐」。

三十葉六行疏　「湯湯至爲害」至三十一葉第二行疏「陳平之盜嫂受金弼」　單疏本爲卷二第二十六葉，係鈔配。

三十葉六行疏　刀害爲割。　「害」，庫作「割」。

三十葉八行疏　有所滌除。　「滌」，十作「條」，閩作「滌」。

三十葉八行疏　蕩然惟有水耳。　「蕩」下單、八、魏、平重一「蕩」字。○山井鼎《考文》：蕩然惟有水耳。〔宋板〕「蕩然」作「蕩蕩然」。○盧文弨《拾補》：蕩蕩然惟有水耳。毛本脱一「蕩」字。○阮元《校記甲》：蕩然惟有水耳。「蕩然」，宋板作「蕩蕩然」。按：宋板是也。阮元《校記乙》同。

三十葉八行疏　包裹之義。　「裹」，單作「褁」，魏作「裹」。

三十葉九行疏　又復遶山上陵。　「又」，永、閩作「乂」。

三十葉十行疏　摠言浩浩盛大若漫天然也。　「摠」，單作「総」，毛、殿、庫作「總」。

三十葉十行疏　加陵之辭。　「加」，平作「如」。「陵」，永作「陖」。

三十葉十一行疏　俾使乂治也。　「乂」，十作「又」。

三十葉十一行疏　俾。使。乂。治。釋詁文。　「治」下殿、庫無「釋詁文」三字。○浦鏜《正字》：乂，治。釋詁文。「乂」，監本誤「又」。

三十葉十三行疏　非獨四岳。　「四」，永作「曰」。

三十葉十五行疏　言鯀性狠戾。　「鯀」上要無「言」字。「狠」，單、八、魏、平、殿、庫、阮作「很」。

三十葉十六行疏　心性狠戾。　「狠」，單、八、魏、平、殿、庫、阮作「很」。

三十葉十七行疏　謂放棄教命。　「棄」，庫作「乘」。

三十葉十八行疏　异巳巳退也。　八作「异巳至乃退□」。「异」，閩作「异」。○山井鼎《考文》：异巳巳退也。〔宋板〕作「异巳至乃退」。○阮元《校記甲》：傳异巳巳退也。宋板作「傳异巳至乃退」。按：今本却與宋板傳合。○張鈞衡《校記》：異（异）巳巳退也。阮本同。按：上「巳」字當作「也」。○《定本校記》：傳异巳巳退也。十行本如此。單疏此葉闕。〔足利〕八行本作「异已至乃退」，恐非。

三十葉十八行疏　正義曰。异聲近已。　「异」，閩作「异」。

三十一葉一行疏　堯知其性狠戾圮族。　「狠」，單、八、魏、平、殿、庫、阮作「很」。「戾」，平作「戾」。

三十一葉一行疏　夫管氏之好奢尚僭。　「夫」，十作「大」。

三十一葉一行疏　翼贊霸圖。　「霸」，庫作「覇」。

三十一葉三行疏　孔之此説。　「之」，庫作「子」。

三十一葉三行疏　禹稱帝德廣運。　○《定本校記》：何則，禹稱帝德廣運，乃聖乃神。「禹」當作「益」。

三十一葉四行疏　既知鯀性狠戾。　「狠」，單、八、魏、平、殿、薈、阮作「很」。

三十一葉七行疏　取歲星行一次也。　「一」，要作「以」。

三十一葉七行疏　年。取米穀一熟也。　「米」，單、八、魏、平、要、十、永、閩、阮作「禾」。「穀」，八、魏、平、十、永、毛作「榖」，薈作「穀」。○物觀《補遺》：米穀一熟。〔宋板〕「米」作「禾」。○浦鏜《正字》：年，取禾穀一孰也。「禾」誤「米」。説文「年」作「秊」，從禾，千聲。「熟」作「孰」。○盧文弨《拾補》：年，取禾穀一熟也。「年」，説文本作「秊」。毛本「禾」作「米」。

「米」當作「禾」。○阮元《校記甲》：年，取米穀一熟也。「米」，宋板、十行、閩本俱作「禾」。按：説文年字從禾，千聲。故義取禾熟也。○阮元《校記乙》：年，取千(禾)穀一熟也。宋本、閩本同。毛本「禾」作「米」。按：説文年字從禾，千聲。故義取禾熟也。

三十一葉九行疏　周禮大宰職云。「大」，單、八、魏、平、十、永、閩、阮作「太」。「云」，要作「曰」。

三十一葉九行疏　歲終。則令百官各正其治而詔王廢置。○浦鏜《正字》：歲終，則令百官府各正其治。脱「府」字。○盧文弨《拾補》：歲終，則令百官府各正其治。毛本脱「府」字。

三十一葉十行疏　三年。則大計羣吏之治而誅賞。「大」，魏作「太」。○浦鏜《正字》：三年，則大計羣吏之治而誅賞。下經文有「之」字。「年」作「歲」。○盧文弨《拾補》：三年，則大計羣吏之治而誅賞。「年」，本作「歲」。「賞」下本有「之」字。

三十一葉十二行疏　此時堯在位六十九年。「此」，要作「比」。

三十一葉十二行疏　若然。鯀既無功。「若然」，要作「然若」。

三十一葉十二行疏　早應黜廢。「應」，庫作「因」。

三十一葉十二行疏　而待九年無成始退之者。　「九年」下要無「無成始退之者」六字。

三十一葉十四行疏　鯀障洪水而殛死。　○浦鏜《正字》：鯀障洪水而殛死。「洪」，禮記作「鴻」。

三十一葉十四行疏　禹能脩鯀之功。　「脩」，要作「修」。

三十一葉十五行疏　然則禹之大功。顧亦因鯀。　「顧」，單、八、魏、平、要、永作「頗」。○山井鼎《考文》：禹之大功，顧亦因鯀。〔宋板〕「顧」作「頗」。○盧文弨《拾補》：然則禹之大功，頗亦因鯀。毛本「頗」作「顧」。「顧」當作「頗」。○阮元《校記甲》：顧亦因鯀。「顧」，宋板作「頗」。阮元《校記乙》同。○張鈞衡《校記》：頗亦因鯀是治。阮本「頗」作「顧」。

三十一葉十六行疏　未必能治。　「未」，八作「末」。

三十一葉十六行疏　以鯀性傲狠。　「狠」，單、八、魏、平、永、殿、庫、阮作「很」。

三十一葉十七行疏　先有狠戾之惡。　「狠」，單、八、魏、平、永、殿、庫、阮作「很」。

三十一葉十八行疏　上令必行。　「必」，要作「不」。

三十一葉十八行疏　時又年小。　「小」，要作「少」。

三十一葉十八行疏　不可干政也。　「政」下要無「也」字。

三十二葉一行經　朕在位七十載。　「載」，要作「戴」。

三十二葉二行注　在位七十年。　「七十」二字永爲空白。○浦鏜《正字》：在位七十年。「年」本作「載」字。

三十二葉二行注　則時年八十六。　「八」上要無「則時年」三字。

三十二葉四行經　否德。忝帝位。　○盧文弨《拾補》：否德，忝帝位。「忝」上从天，从夭譌。

三十二葉五行釋文　否。方久反。　「方久反」下平、殿、庫有「不也」二字。

三十二葉五行釋文　忝。音他簟反。　「他」上王、平、殿、庫無「音」字。「反」下平、殿、庫有「辱也」二字。

三十二葉六行經　明明揚側陋。　「陋」，岳作「陃」。○盧文弨《拾補》：明明揚側陃。毛本「陃」譌作「陋」。

三十二葉六行注　有禪位之志。　○阮元《校記甲》：有禪位之志。「志」，纂傳作「意」。

三十二葉七行注　故明舉明人在側陋者。　「陋」，岳作「陃」。

三十二葉七行注　廣求賢也。　○《定本校記》：廣求賢。燉煌本如此。各本「賢」下有「也」字，與疏標題不合。

三十二葉七行釋文　肖。音笑。　「肖」上平有「不」字。

三十二葉八行經　有鰥在下。○盧文弨《拾補》：有鰥在下。毛本「鰥」譌作「鰥」。下同。

三十二葉八行注　無妻曰鰥。「鰥」，李作「鰥」。

三十二葉十行釋文　鰥。故頑反。○阮元《校記甲》：鰥，故頑反。「頑」，葉本作「魂」字。

按：「頑」字是也。

三十二葉十一行釋文　故變名言謚。「言」，纂、魏作「曰」。

三十二葉十二行注　然其所舉。○阮元《校記甲》：然其所舉。古本下有「也」字。

三十二葉十二行釋文　俞。羊朱反。「羊」，魏作「年」。

三十二葉十二行釋文　行。下孟反。「行」上平有「德」字。

三十二葉十四行注　故時人謂之瞽。「時」下要無「人」字。

三十二葉十四行注　瞍無目之稱。「目」，阮作「目」。

三十二葉十五行注　心不則德義之經爲頑。「頑」下岳有「口不道忠信之言爲嚚」九字。○物觀《補遺》：心不則德義之經。〔古本〕「則」作「測」。○阮元《校記甲》：心不則德義之經爲頑。「則」，古本作「測」。岳本此句下有「口不道忠信之言爲嚚」九字。按：前「嚚訟」傳云「言不忠信爲嚚」。傳例一訓不重出。岳本恐非。阮元《校記乙》同。

三十二葉十五行注　傲慢不友。　「友」，王作「犮」，纂作「支」，阮作「犮」。

三十二葉十六行釋文　稱。尺證反。　「稱」上平有「之」字。

三十二葉十八行釋文　烝。之承反。　「烝」上平重「烝」字。「承」，殿、庫作「丞」。

三十三葉二行注　觀其法度接二女。　○山井鼎《考文》：觀其法度接二女。〔古本〕「觀」下有「目」字。○阮元《校記甲》：觀其法度接二女。「觀」下古本有「目」字，非也。○《定本校記》：觀其法度接二女。「其」上内野本、神宮本、足利本有「以」字。

三十三葉三行注　以治家觀治國。　○物觀《補遺》：以治家觀治國。〔古本〕下有「也」字。

三十三葉三行釋文　女音尼慮反。　王作「女，而據反」。魏作「女，尼據反」。纂作「女于，尼據反」。平作「女于，上恧據反」。十、永、閩、阮作「女音而據反」。殿、庫作「女于之女，而據反」。○物觀《補遺》：女，音尼慮反。〔經典釋文〕作「而據反」。○阮元《校記甲》：女于，上而據反。「而據」，葉本作「恧據」，毛本又作「尼慮」。按：「而」字非也，「尼慮」即「恧據」。

三十三葉三行釋文　妻。音千計反。　「千」上王、纂、魏、平、殿、庫無「音」字。「千」，永作「十」。

三十三葉五行注　使行婦道於虞氏。　○山井鼎《考文》：使行婦道於虞氏。〔古本〕下有

「也」字。

三十三葉五行釋文　嫣。音居危反。「居」上王、纂、魏、平、殿、庫無「音」字。

三十三葉五行釋文　汭。音如鋭反。「如」上王、纂、魏、平、殿、庫無「音」字。「鋭」，十作「說」。

三十三葉六行釋文　嬪。音毗人反。「毗」上王、纂、魏、平、殿、庫無「音」字。

三十三葉六行注　歎舜能修已行敬以安人。「修」，庫、阮作「脩」。

三十三葉七行注　則其所能者大矣。○山井鼎《考文》：則其所能者大矣。〔古本〕「矣」作「也」。○阮元《校記甲》：則其所能者大矣。「矣」，古本作「也」。

三十三葉十行疏　汝當明白舉其明德之人於僻隱鄙陋之處。○《定本校記》：汝當明白舉其明德之人於僻隱鄙陋之處。「白」，〔足利〕八行本誤作「曰」。

三十三葉十二行疏　言側陋之處。「陋」，單作「陑」。

三十三葉十六行疏　故下篇言其授以官位。而歷試諸難。「歷」，平作「曆」。

三十三葉十七行疏　徧檢今之書傳。「檢」，單、八、平、要作「撿」。

三十三葉十七行疏　孔氏博考羣書。「博」，八作「愽」。

三十四葉一行疏　帝摯之弟。「摯」，單作「挚」。

三十四葉二行疏　故八十六。「八」上要無「故」字。

三十四葉四行疏　正義曰。巽。順。易説卦文。〇《定本校記》：巽，順。易説卦文。案：説卦無此文。

三十四葉五行疏　言四岳能用帝命。「帝」，永作「致」。

三十四葉五行疏　故帝欲使之順行帝位之事。「順」下魏無「行」字。

三十四葉六行疏　否。古今不字。〇浦鏜《正字》：否，古今不字。當「否、不古今字」之誤。案：説文云：不，方久切。〇盧文弨《拾補》：否、不古今字。毛本作「否，古今不字」，譌。〇阮元《校記甲》：否，古今不字。浦鏜云：當作「否、不古今字」。盧文弨云：當作「否，古文不字」。按：浦義爲長。此釋傳「否，不」也。又前疏云：「孳、字古今同耳。」亦此例。阮元《校記乙》同。〇《定本校記》：否，古今不字。浦氏云：當「否、不古今字」之誤。

三十四葉七行疏　自辭不堪。「自」，單作「白」。

三十四葉八行疏　堯知至求賢。「求賢」，平作「賢也」。

三十四葉八行疏　以可知而省文也。「省」，永作「省」。

三十四葉九行疏　故令四岳明舉明人。「令」，平作「今」。

三十四葉九行疏　令其在側陋者。　「令」，單、永作「今」。○山井鼎《考文》：今其在側陋者。〔宋板〕「令」作「今」。○盧文弨《拾補》：今其在側陋者。毛本「今」作「令」。「令」當作「今」。○阮元《校記甲》：令其在側陋者。「令」，宋板作「今」。阮元《校記乙》同。○張鈞衡《校記》：今其在側陋者。阮本「今」作「令」。

三十四葉十一行疏　於是權授舜。　○浦鏜《正字》：於是乃權授舜。脱「乃」字。

三十四葉十一行疏　則天下得其利而丹朱病。　「利」，平作「和」。

三十四葉十二行疏　文王世子論舉賢之法云。　「王」，永作「玉」。

三十四葉十三行疏　或以言揚。揚。亦舉也。　二「揚」字，八作「楊」。

三十四葉十三行疏　故以舉解揚。　「揚」，八作「楊」。

三十四葉十三行疏　經之揚字。　「揚」，八作「楊」。

三十四葉十三行疏　經於明中宜有揚字。　「揚」，八作「楊」。

三十四葉十四行疏　明下有揚。　「揚」，八作「楊」。

三十四葉十四行疏　故上闕揚文。　「揚」，八作「楊」。

三十四葉十四行疏　互文以足之也。　「互」，平作「玄」。

三十四葉十五行疏　故令廣求賢以啓之。「令」，永作「今」。

三十四葉十七行疏　乃運值汚隆。「隆」，閩作「降」。

三十四葉十八行疏　釋詁文。「釋」，十作「釋」。

三十四葉十八行疏　釋名云。「釋」，十作「釋」。

三十五葉一行疏　魚目恒不閉。「閉」，單作「閇」。

三十五葉一行疏　老而無妻曰鰥。○浦鏜《正字》：老而无妻曰鰥。王制作「老而無妻者謂之矜」。矜讀作鰥。下引詩「何人不鰥」同。後同卷者不更出。

三十五葉二行疏　書傳稱孔子對子張曰。「子張」下要無「曰」字。○浦鏜《正字》：書傳稱孔子對子張曰舜父頑云云。「對」當作「答」。

三十五葉二行疏　舜父頑母嚚。「母」，十作「毋」。

三十五葉二行疏　可以更娶。「娶」，平作「聚」。

三十五葉三行疏　何人不鰥。「鰥」，殿作「鰥」。

三十五葉四行疏　不獨老而無妻始稱鰥矣。「妻」下要無「始稱鰥矣」四字。

三十五葉五行疏　皇甫謐云。「謐」，魏作「謚」。

三十五葉六行疏　今河東太陽山西虞地是也。　「太」，魏作「大」。

三十五葉七行疏　前已具釋。　「具釋」，十作「具釋」。

三十五葉七行疏　傳又解衆人以舜與帝。　「人」下要無「以舜與帝」四字。

三十五葉八行疏　但舜在下人之中。　「但」，單作「伹」。

三十五葉九行疏　知然者。　「知」下要有「其」字。

三十五葉九行疏　明是恥已不若。　「已」，閩作「巳」。

三十五葉十一行疏　王肅云。　「王」，十作「玊」。

三十五葉十二行疏　必應博詢吏人。　「博」，八作「愽」，十作「傳」，閩作「愽」。

三十五葉十三行疏　釋言文。　「釋」，十作「釋」。

三十五葉十五行疏　以舜在卑賤。　「舜」上要無「以」字。「卑」，十作「卑」。

三十五葉十五行疏　率暴禪之。　「暴」，庫作「暴」。

三十五葉十六行疏　民可使由之。　「民」，單、八、魏、平、永、阮作「人」。「由」，八作「由」。○物觀《補遺》：民可使由之。〔宋板〕「民」作「人」。○盧文弨《拾補》：人可使由之。毛本「人」作「民」。「民」當作「人」。○阮元《校記甲》：民可使由之。「民」，宋板、十行本俱作「人」。○阮元《校記乙》：人可使由之。宋板同。毛本「人」作「民」。

三十五葉十七行疏　周禮樂官有瞽矇之職。　「瞽」，庫作「瞽」。

三十五葉十七行疏　使眂瞭相之。　「眂」，平作「眡」，永作「眂」。

三十五葉十八行疏　配字曰瞍。　「配」，十作「觀」。

三十五葉十八行疏　故或謂之爲瞽瞍。　「瞽」，平作「瞽」。

三十六葉一行疏　矇瞍奏公。　「矇」，十作「朦」。

三十六葉一行疏　舜父瞽瞍盲。　○浦鏜《正字》：舜父瞽瞍盲。「瞍」，史記作「叟」。

三十六葉二行疏　以經説舜德行。　「德」，要作「得」。

三十六葉二行疏　即是身有固疾。　「疾」，庫作「病」。

三十六葉三行疏　輒言舜是盲人之子。　「盲」，要作「肓」。「之子」，要作「子之」。　○浦鏜《正字》：輒言舜是盲人之子。「盲」，毛本誤「肓」。

三十六葉三行疏　論語云。未見顏色而言謂之瞽。　「云」，毛作「曰」。　○浦鏜《正字》：論語曰，未見顏色云云。「曰」，當從監本作「云」。　○盧文弨《拾補》：論語云，未見顏色。毛本「云」作「曰」。「曰」當作「云」。　○阮元《校記甲》：論語曰，未見顏色而言。「曰」，十行、閩、監俱作「云」。

三十六葉三行疏　史記又說瞽瞍使舜上廩。　「又」，要作「云」。○浦鏜《正字》：瞽瞍使舜上塗廩。脫「塗」字。○盧文弨《拾補》：瞽瞍使舜上廩。毛本「上」下脫「塗」字。

三十六葉五行疏　僖二十四年左傳文。　「二」，毛、殿、庫作「三」。「左」，八作「本」。○浦鏜《正字》：僖二十四年左傳文。「二」誤「三」。○盧文弨《拾補》：僖二十四年左傳文。毛本「二」作「三」。「三」當作「二」。○阮元《校記甲》：僖三十四年左傳文。「三」，十行、閩本俱作「二」，是也。

三十六葉六行疏　此經先指舜身。　「先」，十、永、阮作「光」。○阮元《校記甲》：此經先指舜身。「先」，十行本誤作「光」。○阮元《校記乙》：此經光指舜身。宋本「光」作「先」，是也。

三十六葉七行疏　諧和至於姦惡。　「至」下單、八、魏、平無「於」字。「於」，十、永、閩、阮作「于」。○山井鼎《考文》：諧和至於姦惡。〔宋板〕無「於」字。○盧文弨《拾補》：諧和至姦惡。宋本「至」下無「於」字，當從。○阮元《校記甲》：傳諧和至於姦惡。宋板無「於」字。

三十六葉八行疏　此美舜能養之。　「養」，平作「養」。

三十六葉八行疏　不至于姦惡。　「于」，毛作「於」。

三十六葉九行疏　舜以兩笠自扞而下。　○浦鏜《正字》：舜以兩笠自扞而下。「扞」，監本誤「扦」。○阮元《校記甲》：舜以兩笠自扞而下。「扞」，監本誤作「扦」。

三十六葉十行疏　以土實井。舜從旁空井出。　○浦鏜《正字》：以土實井，舜從旁空井出。下「井」字衍。○盧文弨《拾補》：舜從旁空出。毛本「空」下有「井」字，衍。

三十六葉十一行疏　動罹刑網。　「罹」，單、八、魏、平作「挂」，十作「桂」，永作「桂」。「網」，八作「綱」。○盧文弨《拾補》：動挂刑網。毛本「挂」作「罹」。「罹」當作「挂」。○張鈞衡《校記》：動挂刑網。阮本「挂」作「罹」。

三十六葉十三行疏　○傳言欲至行迹○正義曰。　「下言」上「○傳言欲至行迹○正義曰」，殿、庫作「言欲試舜者」。

三十六葉十四行疏　馬鄭王本說此經皆無帝曰。　○浦鏜《正字》：馬鄭王本說此經皆無帝曰。「王」，監本誤「玉」。○阮元《校記甲》：馬鄭王本說此經。「王」，監本誤作「玉」。

三十六葉十四行疏　當時庸生之徒漏之也。　「漏」下單、八無「之」字。○物觀《補遺》：庸生之徒漏之也。〔宋板〕無下「之」字。○盧文弨《拾補》：當時庸生之徒漏也。宋本「漏」下無「之」字，當從。○阮元《校記甲》：當時庸生之徒漏之也。宋板無下「之」字。

三十六葉十五行疏　孔據古今△別卷。　○盧文弨《拾補》：孔據古文別卷。毛本「文」作「今」，譌。○阮元《校記甲》：孔據古今別卷。按：此「今」字當作「文」。阮元《校記乙》同。○《定本校記》：孔據古今別卷。盧氏云：「今」字當作「文」。

三十六葉十七行疏　言女亍△（于）時。謂妻舜於是。　「亍」，毛作「子」。○物觀《補遺》：女子時。〔宋板〕「子」作「于」。○浦鏜《正字》：言女于時，謂妻舜于（於）是。「于」誤「子」。○盧文弨《拾補》：言女于時。毛本「于」作「子」。「子」當作「于」。○阮元《校記甲》：言女子時，謂妻舜於是。「子」，宋板、十行、閩本俱作「于」。按：「子」字誤。

三十六葉十八行疏　故傳倒文以曉民△。堯於是以二女妻舜。　「民」，單作「人」。○山井鼎《考文》：故傳倒文以曉民。謹按「民」恐「明」誤，當屬下句。○浦鏜《正字》：民堯于是以二女妻舜。「民」當「明」字誤。○盧文弨《拾補》：明堯於是以二女妻舜。毛本「明」作「民」。「民」當作「明」。○阮元《校記甲》：故傳倒文以曉民。浦鏜云：「民」恐「明」誤。當屬下句。是也。阮元《校記乙》同。○《定本校記》：故傳倒文以曉人。各本「人」作「民」。今從單疏。

三十七葉一行疏　以法△治家觀治國。　○《定本校記》：以法治家觀治國。「法」字疑衍。

三十七葉一行疏　言女于時者。　「于」，單作「亍」，毛作「於」。○物觀《補遺》：女於時者。〔宋板〕「於」作「于」。○盧文弨《拾補》：言女于時者。毛本「于」作「於」。「於」當作「于」。

三十七葉一行疏　摠言之耳。　「摠」，毛、殿、庫作「總」。

三十七葉二行疏　當有貴賤長幼。　「貴」，毛作「賢」。○物觀《補遺》：當有賢賤長幼。〔宋板〕「賢」作「貴」。○浦鏜《正字》：二女之中，當有貴賤長幼。「貴」，毛本誤「賢」。○盧文弨《拾補》：二女之中，當有貴賤長幼。毛本「貴」作「賢」。「賢」當作「貴」。○阮元《校記甲》：當有賢賤。「賢」，宋板、十行、閩、監俱作「貴」，不誤。

三十七葉二行疏　劉向列女傳云。　「列」，閩作「烈」。

三十七葉四行疏　計堯女於舜之曾祖爲四從姊妹。　「於」，平作「方」。

三十七葉五行疏　或者古道質故也。　「者」，平作「若」。

三十七葉六行疏　謂能以義理下之。　「謂」，阮作「未」。

三十七葉七行疏　必自驕矜。　「矜」，永作「矝」。

三十七葉七行疏　故美舜能以義理下帝女尊亢之心。　「亢」，毛作「尢」。○物觀《補遺》：尊九之心。〔宋板〕「九」作「亢」。○浦鏜《正字》：故美舜能以義理下帝女尊亢之心。「亢」，毛本誤「尢」。○盧文弨《拾補》：故美舜能以義理下帝女尊亢之心。毛本「亢」作

「九」。「九」當作「亢」。○阮元《校記甲》：故美舜能以義理下帝女尊尤之心。「尤」，宋板、十行、閩本俱作「亢」。按：「尤」字非也。

三十七葉八行疏　虞與嬀汭爲一地。「地」，毛作「也」。○物觀《補遺》：虞與嬀汭爲一也。〔宋板〕「也」作「地」。○浦鏜《正字》：虞與嬀汭爲一地。「地」，毛本誤「也」。○盧文弨《拾補》：虞與嬀汭爲一地。毛本「地」作「也」。「也」當作「地」。○阮元《校記甲》：虞與嬀汭爲一也。「也」，宋板、十行、閩、監俱作「地」。

三十七葉八行疏　言匹夫者。「匹」上要無「言」字。

三十七葉十行疏　周武王賜陳胡公之姓爲嬀。「賜」，十作「腸」。

三十七葉十一行疏　蓋舜以大孝示法。「蓋」上平有「蓋者」二字。

三十七葉十二行疏　乃由舜之敬。「由」，毛作「繇」。○盧文弨《拾補》：乃由舜之故(敬)。明本避作「繇」。後類此。○阮元《校記甲》：乃繇舜之敬。「繇」，十行、閩、監俱作「由」。

三十七葉十二行疏　歎能脩已行敬以安民也。「脩」，毛作「修」。

三十七葉十二行疏　能脩已及安人。「脩」，毛作「修」。

三十七葉十三行疏　論語云脩已以安百姓。「脩」，毛作「修」。